essentials

Essentials liefern aktuelles Wissen in konzentrierter Form. Die Essenz dessen, worauf es als „State-of-the-Art" in der gegenwärtigen Fachdiskussion oder in der Praxis ankommt. *Essentials* informieren schnell, unkompliziert und verständlich

- als Einführung in ein aktuelles Thema aus Ihrem Fachgebiet
- als Einstieg in ein für Sie noch unbekanntes Themenfeld
- als Einblick, um zum Thema mitreden zu können

Die Bücher in elektronischer und gedruckter Form bringen das Fachwissen von Springerautor*innen kompakt zur Darstellung. Sie sind besonders für die Nutzung als eBook auf Tablet-PCs, eBook-Readern und Smartphones geeignet. *Essentials* sind Wissensbausteine aus den Wirtschafts-, Sozial- und Geisteswissenschaften, aus Technik und Naturwissenschaften sowie aus Medizin, Psychologie und Gesundheitsberufen. Von renommierten Autor*innen aller Springer-Verlagsmarken.

Bernhard Frevel

Humanitäres Völkerrecht

Idee – Entwicklung – Gestaltung

Bernhard Frevel
Hochschule für Polizei und öffentliche Verwaltung NRW
Münster, Nordrhein-Westfalen
Deutschland

ISSN 2197-6708 ISSN 2197-6716 (electronic)
essentials
ISBN 978-3-658-47355-6 ISBN 978-3-658-47356-3 (eBook)
https://doi.org/10.1007/978-3-658-47356-3

Die Deutsche Nationalbibliothek verzeichnet diese Publikation in der Deutschen Nationalbibliografie; detaillierte bibliografische Daten sind im Internet über https://portal.dnb.de abrufbar.

© Der/die Herausgeber bzw. der/die Autor(en), exklusiv lizenziert an Springer Fachmedien Wiesbaden GmbH, ein Teil von Springer Nature 2025

Das Werk einschließlich aller seiner Teile ist urheberrechtlich geschützt. Jede Verwertung, die nicht ausdrücklich vom Urheberrechtsgesetz zugelassen ist, bedarf der vorherigen Zustimmung des Verlags. Das gilt insbesondere für Vervielfältigungen, Bearbeitungen, Übersetzungen, Mikroverfilmungen und die Einspeicherung und Verarbeitung in elektronischen Systemen.
Die Wiedergabe von allgemein beschreibenden Bezeichnungen, Marken, Unternehmensnamen etc. in diesem Werk bedeutet nicht, dass diese frei durch jede Person benutzt werden dürfen. Die Berechtigung zur Benutzung unterliegt, auch ohne gesonderten Hinweis hierzu, den Regeln des Markenrechts. Die Rechte des/der jeweiligen Zeicheninhaber*in sind zu beachten.
Der Verlag, die Autor*innen und die Herausgeber*innen gehen davon aus, dass die Angaben und Informationen in diesem Werk zum Zeitpunkt der Veröffentlichung vollständig und korrekt sind. Weder der Verlag noch die Autor*innen oder die Herausgeber*innen übernehmen, ausdrücklich oder implizit, Gewähr für den Inhalt des Werkes, etwaige Fehler oder Äußerungen. Der Verlag bleibt im Hinblick auf geografische Zuordnungen und Gebietsbezeichnungen in veröffentlichten Karten und Institutionsadressen neutral.

Planung/Lektorat: Jan Treibel
Springer VS ist ein Imprint der eingetragenen Gesellschaft Springer Fachmedien Wiesbaden GmbH und ist ein Teil von Springer Nature.
Die Anschrift der Gesellschaft ist: Abraham-Lincoln-Str. 46, 65189 Wiesbaden, Germany

Wenn Sie dieses Produkt entsorgen, geben Sie das Papier bitte zum Recycling.

Was Sie in diesem *essential* finden können

- Eine Erläuterung zu der Geschichte und Entwicklung des Humanitären Völkerrechts (HVR)
- Eine Darlegung wesentlicher Prinzipien und der Schutzziele des HVR
- Die Möglichkeiten und Grenzen zur Umsetzung und Durchsetzung dieses Rechts
- Die bestehenden Herausforderungen des HVR vor dem Hintergrund sich ändernder Formen bewaffneter Konflikte

Vorwort

Das weltweite Kriegs- und Konfliktgeschehen hat sich seit Beginn des 21. Jahrhunderts wieder verschärft. Für 2023 zählt die „Hamburger Arbeitsgemeinschaft Kriegsursachenforschung" 27 Kriege und bewaffnete Konflikte, von denen die Mehrzahl in Afrika und Nordafrika zu verzeichnen war. Doch auch in Europa findet seit 2022 wieder ein Krieg statt, der von Russland gegen die Ukraine. Diese Auseinandersetzung sowie der seit 2023 wieder aufgeflammte Nahost-Krieg zwischen Israel und den Milizen Hamas im Gaza-Streifen und Hisbollah im Libanon finden großen Widerhall in der öffentlichen Berichterstattung und der politischen Diskussion. Vielen Konfliktparteien werden hierbei Kriegsverbrechen vorgeworfen und die Einhaltung der Regeln des Humanitären Völkerrechts wird angemahnt.

Diese häufigen Verweise auf das Humanitäre Völkerrecht fallen zeitlich zusammen mit den 2024er Jubiläums-Jahrestagen seines Kerns: Das erste Genfer Abkommen – oder auch: Genfer Konvention – wurde 1864, also vor 160 Jahren geschlossen, und die Neufassung der heute gültigen vier Genfer Abkommen erfolgte 1949, also vor 75 Jahren. Dieses *essential* hat das Ziel, die Geschichte, Idee und zentrale Inhalte des Humanitären Völkerrechts zu skizzieren und damit seine Bedeutung für die aktuellen Konflikte darzulegen. Dabei wird auch deutlich werden, dass dieses Recht zwar einerseits universelle Gültigkeit hat, aber auch vor großen Herausforderungen bezüglich seiner Einhaltung und Durchsetzbarkeit steht.

Als Politikwissenschaftler mit Engagement in der politischen Bildung habe ich dieses *essential* „Humanitäres Völkerrecht" für Nicht-Juristen verfasst, die sich eine gleichzeitig knappe wie grundlegende Überblicksdarstellung erhoffen. Ob dies gelungen ist werden die Leserinnen und Leser entscheiden. Die

Rechtswissenschaftler und Juristinnen mögen mir die umfangs- und perspektivenbedingten Verkürzungen bitte entschuldigen.

Münster
im Dezember 2024

Bernhard Frevel

Competing Interests

Der/die Autor*in hat keine für den Inhalt dieses Manuskripts relevanten Interessenkonflikte.

Inhaltsverzeichnis

1	**Einleitung: Sicherung von Menschlichkeit im bewaffneten Konflikt**	1
1.1	Recht zum Krieg (jus ad bellum) – Recht im Krieg (jus in bello)	2
1.2	Völkerrecht, Humanitäres Völkerrecht, Menschenrechte	4
2	**Von der Schlacht von Solferino zur (ersten) Genfer Konvention**	7
2.1	„Eine Erinnerung an Solferino"	8
2.2	Von den Vorschlägen zur Umsetzung	11
2.2.1	Vom Komitee der Fünf zum IKRK	11
2.2.2	Die Rotkreuz- (und Rothalbmond-)Bewegung	12
2.2.3	Das (erste) Genfer Abkommen	14
3	**Lernen aus Kriegskatastrophen – Entwicklung des Humanitären Völkerrechts**	17
3.1	Haager und Genfer Recht	17
3.1.1	Haager Friedenskonferenz und Haager Landkriegsordnung	18
3.1.2	Das Genfer Recht	19
3.2	Zentrale Elemente des Humanitären Völkerrechts	22
3.2.1	Anwendungsbereiche: Kriege und bewaffnete Konflikte	22
3.2.2	Die humanitären Mindeststandards in Landkriegsordnung und Genfer Abkommen	23
3.2.3	Kombattanten, Nichtkombattanten und Zivilisten	26
3.2.4	Besonders geschützte Personen, Güter und Einrichtungen	28
3.2.5	Kriegsgefangenschaft, Internierung und Besetzung	31

4	**Umsetzung des Humanitären Völkerrechts – und dessen Probleme**	33
	4.1 Bewusstseinsbildung und Prävention	34
	4.2 Die Kontrolle des Handelns	35
	4.3 Politische und justizielle Sanktion von Fehlverhalten	37
	4.4 Begrenzte Reichweiten	40
5	**Fazit**	43

Was Sie aus diesem *essential* mitnehmen können 45

Quellenverzeichnis 47

Einleitung: Sicherung von Menschlichkeit im bewaffneten Konflikt

Kriege und bewaffnete Konflikte haben sich in jüngerer Zeit gewandelt. Moderne Formen der technischen Sabotage, terroristische Angriffe und Cyberattacken sowie Desinformation sind aktualisierte Formen der Auseinandersetzungen. Neue Computertechnologien werden eingesetzt bei der Aufklärung, dem Waffeneinsatz und auch der medial genutzten Dokumentation des Kriegsgeschehens als Teil der psychologischen Kriegsführung nach innen und außen. Aber es bestehen weiterhin – häufig mit technischen Modernisierungen – die traditionellen Formen des Krieges bei den Munitionen und den Waffentypen. Mit Bomben und Granaten, Gewehrschüssen und Panzerangriffen, mit großflächigen Bombardierungen oder dem Häuserkampf in den Dörfern und Städten werden weiterhin Soldat:innen und Zivilpersonen verletzt und getötet. Es werden Wohnhäuser, Schulen und Krankenhäuser zerstört, die Wasser- und Energieversorgung unterbrochen, die gesamte Infrastruktur in Mitleidenschaft gezogen. Fernsehberichte und Dokumentationen können das Bild absoluter Zerstörung vermitteln. Wenn Thomas Hobbes schon 1651 in seinem „Leviathan" feststellte, dass der Mensch von Natur aus böse und „des Menschen Wolf" sei, so könnten die Bilder aktueller Konflikte durchaus als Beleg für seine Aussage genommen werden.

Wird in Deutschland und Europa der Blick im Jahr 2025 vor allem auf den Angriffskrieg Russlands auf die Ukraine (begonnen 2022) oder seit Oktober 2023 den Nahost-Krieg Israels gegen die Hamas und Hisbollah im Gaza-Streifen und im Libanon gerichtet, so stehen andere bewaffnete Konflikte seltener im Fokus. Der Global Peace Index zählte 2022 56 Konflikte, die mindestens einen Staat betrafen (IEP 2024, S. 50). Im Friedensgutachten 2024 wird festgestellt: „Seit 2022 befindet sich das weltweite Gewaltgeschehen auf dem höchsten Niveau seit 30 Jahren. Die Zahl der Kriegsopfer verdoppelte sich im Vergleich zu den Vorjahren" (BICC u. a. 2024, S. 7). Es verweist dabei insbesondere auf den Krisenherd Westafrika u. a. mit Mali, Sudan, Burkina Faso und der Demokratischen Republik Kongo. Doch auch in anderen Regionen wird intensiv gekämpft.

Kriege und bewaffnete Konflikte sind immer unmenschlich, zerstören Leben, Gesundheit und Lebensgrundlagen von Kämpfenden und Zivilbevölkerung. Dieser empirische Fakt betrifft alle diese Auseinandersetzungen in langer Vergangenheit und Gegenwart – und umso wichtiger ist es, Bemühungen anzustellen, dieses Zerstörerische einzudämmen, ein Mindestmaß an Humanität auch im Kriegsfall zu gewährleisten. – Dies ist die Aufgabe des Humanitären Völkerrechts (abgekürzt: HVR) bzw. des International Humanitarian Law.

Auch wenn das persönliche Sprachempfinden dieses Rechtsgebiet wegen der Betonung des Humanitären mit den verschiedensten Herausforderungen für humanitäre Krisen, z. B. auch nach Extremwettern, Erdbeben, Tsunamis o. ä. in Verbindung setzen mag, steht der Begriff für das besondere Gebiet des bewaffneten Konflikts. Es geht im Kern darum, die negativen Effekte der Konflikte auf nicht-beteiligte Personen zu reduzieren sowie die Kampfmittel und -methoden zu beschränken. Das HVR ist ein Teilgebiet des Völkerrechts und zudem ein Spezialgebiet des Kriegsrechts bzw. des Rechts zu bewaffneten Konflikten.

1.1 Recht zum Krieg (jus ad bellum) – Recht im Krieg (jus in bello)

Seitdem es Menschen gibt, ist Gewalt ein bedeutsames Merkmal der Menschheit – ob Gewalt in der Familie (Kain erschlägt Abel), zwischen Volksgruppen (z. B. zwischen den Hutu und Tutsi in Ruanda, 1994), zwischen einzelnen Staaten (z. B. Deutsch-Französischer Krieg 1870/71) oder einer Vielzahl von Staaten (Erster und Zweiter Weltkrieg). Immer wieder sahen und sehen sich Staaten oder Volksgruppen berechtigt, Gewalt gegen ihre Feinde (wer immer das dann bestimmt) einzusetzen und den bewaffneten Konflikt zu rechtfertigen. Das Recht zum Krieg wurde/wird begründet mit Grenzkonflikten und Gebietsansprüchen, Bestrafung des Gegners, ethnischen Zugehörigkeiten, Vertreibung von Feinden, Streben nach Rohstoffen, Sicherung von Versorgungslagen, (präventiver) Verteidigung gegen Angriffe, Missionierung, Streben nach Machtwechseln und vielem anderen mehr. Ein Recht zum Krieg besteht oder wird behauptet und wird zumeist als „gerechter Krieg" bezeichnet. Dieser Begriff des *bellum iustum* geht auf Cicero zurück und er hebt hervor, dass der gerechte Krieg in seinen Zielen und Ansprüchen ethisch und rechtlich begründet sein müsse, und dass er von einer rechtmäßigen Autorität erklärt werden müsse. Der gerechte Krieg müsse das letzte Mittel *(ultima ratio)* zur Wiederherstellung des Rechts und die Aussicht auf Frieden müsse gewährleistet sein.

Die Vorstellung des gerechten Krieges ist immer wieder Gegenstand philosophischer und staatstheoretischer Betrachtungen in Antike, Mittelalter und Neuzeit (vgl. zur Entwicklung z. B. Hellerich 2023, S. 77 ff.). Nach den Schrecken des Ersten Weltkriegs ächtete der Völkerbund 1928 im Briand-Kellog-Pakt den Krieg als Instrument zwischenstaatlicher Konflikte und verlangte zu deren Beilegung friedliche Mittel. Und nach dem Zweiten Weltkriegs wurde von den neu gegründeten Vereinten Nationen erneut über die Berechtigung von Kriegen und das Ziel des Friedens nachgedacht. In der Charta der Vereinten Nationen heißt es:

Artikel 1

Die Vereinten Nationen setzen sich folgende Ziele:
1. den Weltfrieden und die internationale Sicherheit zu wahren und zu diesem Zweck wirksame Kollektivmaßnahmen zu treffen, um Bedrohungen des Friedens zu verhüten und zu beseitigen, Angriffshandlungen und andere Friedensbrüche zu unterdrücken und internationale Streitigkeiten oder Situationen, die zu einem Friedensbruch führen könnten, durch friedliche Mittel nach den Grundsätzen der Gerechtigkeit und des Völkerrechts zu bereinigen oder beizulegen;
[…]

Artikel 2

Die Organisation und ihre Mitglieder handeln im Verfolg der in Artikel 1 dargelegten Ziele nach folgenden Grundsätzen:
[…]

3. Alle Mitglieder legen ihre internationalen Streitigkeiten durch friedliche Mittel so bei, daß der Weltfriede, die internationale Sicherheit und die Gerechtigkeit nicht gefährdet werden.
4. Alle Mitglieder unterlassen in ihren internationalen Beziehungen jede gegen die territoriale Unversehrtheit oder die politische Unabhängigkeit eines Staates gerichtete oder sonst mit den Zielen der Vereinten Nationen unvereinbare Androhung oder Anwendung von Gewalt.

Mit diesen Normen werden die Rechtfertigungen für Kriege eingeschränkt und vor allem der Angriffskrieg verboten.

Vom *ius ad bellum*, dem Recht zum Krieg, ist das *ius in bello*, das Recht im Krieg, zu unterscheiden. Hier geht es um die Methoden und Mittel der Kriegsführung, um Rechte und Pflichten der an Kampfhandlungen Beteiligten und der Nicht-Beteiligten, wie die aufgrund von Verletzung, Erkrankung oder Gefangennahme nicht mehr Kämpfenden oder die nicht-kämpfende Zivilbevölkerung. Um diese Letztgenannten geht es primär im Humanitären Völkerrecht.

1.2 Völkerrecht, Humanitäres Völkerrecht, Menschenrechte

In Nationalstaaten werden von der jeweiligen Legislative Gesetze erlassen, die im öffentlichen Recht das Handeln des Staates regeln, zivilrechtliche Normen für das Verhältnis von Menschen und Organisationen aufstellen oder aber u. a. mit dem Strafrecht das Recht des Staates gegenüber Individuen beschreiben bzw. im Sozialrecht Ansprüche vom Individuum gegenüber dem Staat erfassen. Doch im internationalen Bereich besteht keine derartige zuständige und kompetente Legislative. Deshalb müssen zwischen den Staaten – also inter – national – Vereinbarungen getroffen und Verträge abgeschlossen werden, um Regeln für das Miteinander zu entwerfen und Mechanismen für die Lösung von Konflikten zu vereinbaren.

Hier besteht eine Vielzahl an bi- und multilateralen Verträgen z. B. zum See- oder Luftrecht, zu wirtschaftlichen Beziehungen von Staaten und Regionen, zum Umweltschutzrecht, zu diplomatischen Beziehungen oder zu internationalen Organisationen. Grundsätzlich regeln diese Verträge das Verhältnis zwischen Staaten sowie das Handeln von Staaten. Es betrifft zumeist nicht das Recht von Individuen gegenüber dem Staat.

Es bestehen aber auch zwischenstaatliche Verträge, in denen sich die Partner verpflichten, individuelle Rechte zu gewähren. Hervorzuheben sind hier insbesondere das Flüchtlingsrecht mit der Genfer Flüchtlingskonvention oder die Allgemeine Erklärung der Menschenrechte der Vereinten Nationen:

- Die Genfer Flüchtlingskonvention definiert international rechtlich verbindlich den Begriff Flüchtling, differenziert Anerkennungsgründe für die Gewährung von Asyl und beschreibt die Rechte und Pflichten von Flüchtlingen. Auf der Grundlage der GFK können Personen bei den Staaten, die diesen Vertrag

unterzeichneten, Asyl beantragen und ihre Rechte auf Religionsfreiheit, Diskriminierungsschutz und Zugang zum Rechtsweg einfordern.
- Die Allgemeine Erklärung der Menschenrechte und diverse weitere Menschenrechtsübereinkommen, z. B. zu Kinderschutz, für Menschen mit Behinderungen, Frauenrechten oder die Antifolterkonvention, binden ebenfalls die Staaten, Verfahren und Institutionen zu schaffen, die den Schutz ermöglichen. Sie eröffnen den Rechtssubjekten auch Ansprüche gegenüber dem Staat.

Betont zwar das Humanitäre Völkerrecht das Menschliche, die Würde des Menschen und die Schutzbedarfe von Menschen, so ist es dennoch nicht mit individuellen Ansprüchen von Menschen gegenüber einem Staat verbunden. Das HVR ist ausschließlich ein zwischenstaatliches Recht, bei dem sich die Staaten verpflichten, bestimmte, später in diesem *Essential* beschriebene Regeln zur Minderung von menschlichem Leid während bewaffneter Konflikte einzuhalten. Gelten die Menschenrechte überall und jederzeit so ist das Humanitäre Völkerrecht auf Zeit und Raum von bewaffneten Konflikten beschränkt.

Während im nationalen Recht die Legislative Regeln für eine bestimmte Allgemeinheit (alle Staatsbürger:innen, alle Einwohner:innen, alle Beamt:innen, alle Arbeitnehmenden etc.) verabschiedet, die dann für alle Betroffenen Geltung haben, hat das internationale Vertragsrecht zunächst nur Bindungskraft für die Staaten, die den Verträgen zustimmten. Wenige Verträge, wie die in diesem Buch näher betrachteten Genfer Konventionen als Kern des Humanitären Völkerrechts, wurden von allen Staaten ratifiziert und sind somit universell gültig. Bei einigen Verträgen stimmen Staaten zwar grundsätzlich zu, formulieren jedoch zu einzelnen Passagen die Nicht-Anerkennung der Regeln. So ratifizierte z. B. Deutschland die UN-Kinderschutzkonvention mit einem ausländerrechtlichen Vorbehalt bezüglich der Abschiebehaft von Kindern und Jugendlichen sowie zum Rechtsschutz in Strafverfahren.

Bei anderen Verträgen verzichten Staaten auf die Unterzeichnung, um sich aus der Bindungswirkung der Regeln zu befreien. Zum Beispiel wurde das Rom-Statut, das den Internationalen Strafgerichtshof begründet, von den USA, Russland, China, Indien und einigen weiteren Staaten nicht unterzeichnet und ratifiziert. Und manche Staaten traten auch nicht den Klimaschutzabkommen bei und betrachten sich als nicht an die Vereinbarungen gebunden.

Von der Schlacht von Solferino zur (ersten) Genfer Konvention 2

Die Vorstellung, dass das menschliche Leid in Zeiten von Kriegen zu mindern sei, dass Verletzten geholfen werden müsse, dass Verhaltensregeln im Konflikt erforderlich sind und dass übermäßige Schädigungen zu vermeiden seien, zieht sich durch die Menschheitsgeschichte, wird in Religionen begründet und von Philosophen diskutiert. Sie wurde von den antiken Sumerern und Hethitern gepflegt, in griechischen Städten und von persischen Königen kodifiziert und in den Auslegungen von Thora, Bibel und Koran herausgearbeitet (vgl. mit Beispielen BMVg 2018, S. 10–11). Kriege wurden zwar als quasi selbstverständliche und übliche Form der Konfliktaustragung und „Naturzustand" (Immanuel Kant) anerkannt, doch ein Mindestmaß an Zurückhaltung gegenüber nicht mehr kämpfenden, z. B. verletzten oder gefangenen Soldaten, gegenüber Zivilbevölkerung oder in Bezug auf die Lebensgrundlagen wird immer wieder betont: „Das Blut der Frauen, Kinder und Greise beflecke nicht euren Sieg. Vernichtet nicht die Palmen, brennt nicht die Behausungen und Kornfelder nieder, fällt niemals Obstbäume und tötet das Vieh nur dann, wenn ihr seiner zur Nahrung bedürft", so der Kalif Abu Bakr, ca. 632 (zitiert in BMVg 2018, S. 11).

Doch diesen Werten und Normen, die fast gewohnheitsrechtlichen Charakter hatten, steht die brutale Wirklichkeit der Kriege entgegen, in denen eben doch Brunnen vergiftet, Frauen vergewaltigt, Kinder entführt, Kriegsgefangene gefoltert, Kultstätten geschändet wurden. – Der Kreativität des Menschen Leid auszuüben, scheinen kaum Grenzen gesetzt zu sein. Und gerade deswegen bedarf es der Betonung von Regeln und Recht zur Einschränkung des Leides.

Einen wichtigen Impuls zur weiteren Entwicklung dieses Rechts und zur Grundlegung dessen, was heute als Humanitäres Völkerrecht bezeichnet und anerkannt ist, gab der schweizerische Geschäftsmann und Humanist Henry Dunant (1828–1910). Er war im Juni 1859 Zeuge der Schlacht von Solferino. In diesem Ort in der Lombardei fand die entscheidende Schlacht des Sardinischen Kriegs (auch Zweiter Italienischer Unabhängigkeitskrieg) zwischen dem Königreich Sardinien und dessen Verbündeten Frankreich unter Führung von Napoleon III. gegen das Kaisertum Österreich, das im April Teile Oberitaliens besetzt hatte, statt. Bei Solferino trafen am 24. Juni 1859 die Heere Österreichs – mit ca. 130.000 Soldaten – und Frankreichs – mit ca. 120.000 Soldaten – aufeinander.[1] Auf ca. 15 Kilometer Frontlänge wurde in drei Abschnitten gekämpft. Die Schlacht wurde von Frankreich gewonnen.

Fast 30.000 Tote und Verwundete sowie ca. 10.000 Vermisste und Gefangene waren zu verzeichnen. Fast 40.000 Soldaten erkrankten aufgrund von Nahrungsmangel, Überanstrengung, unzureichenden Nahrungsmitteln und Hygienemängeln.

Henry Dunant war mit dem Ziel in die Region gereist, mit Napoleon III. über eine Geschäftsidee zu beraten, doch die Ereignisse und Folgen der Schlacht veränderten seinen Aufenthalt dramatisch. In dem Ort Castiglione della Stiviere beteiligte sich Dunant mit Freiwilligen aus der Region, vor allem Frauen, an den Hilfs- und Rettungsarbeiten für die Versorgung der Verletzten und Sterbenden. Er wirkte maßgeblich an dem Aufbau der Lazarette mit, erbat erfolgreich die Freilassung von gefangen genommenen Ärzten und Sanitätssoldaten beider Heere für den Hilfseinsatz, organisierte Hilfsgüter und Verbandmaterial.

Seine Eindrücke und Schlussfolgerungen verarbeitete Dunant in dem kleinen, 1862 zunächst im Selbstverlag veröffentlichten Buch „Eine Erinnerung an Solferino". Dieses Büchlein kann als eine der breitenwirksamsten und nachhaltigsten Schriften zur Entwicklung des HVR eingeordnet werden.

2.1 „Eine Erinnerung an Solferino"

Zwar kommt das Buch ohne jegliche Zwischenüberschriften aus, doch ist es in drei Teile gegliedert. Der erste Teil beschreibt die Ausgangslage und den Verlauf der Schlacht von Solferino. In großer Detailliertheit werden einzelne Kriegshandlungen dargestellt, die verantwortlichen Befehlshaber und ihre Entscheidungen benannt, die Erfolge und Verluste aufgeführt. Exemplarisch:

---

[1] Zum Vergleich: Die Bundeswehr Deutschlands hat im Jahr 2024 eine Gesamtstärke von ca. 180.000 Soldatinnen und Soldaten https://www.bundeswehr.de/de/ueber-die-bundeswehr/zahlen-daten-fakten/personalzahlen-bundeswehr, 04.11.2024.

2.1 „Eine Erinnerung an Solferino" 9

> Es ist ein Kampf Mann gegen Mann, ein entsetzlicher, schrecklicher Kampf. Österreicher und alliierte Soldaten treten sich gegenseitig unter die Füße, machen einander mit Kolbenschlägen nieder, zerschmettern dem Gegner den Schädel, schlitzen einer dem anderen mit Säbel oder Bajonett den Bauch auf. Es gibt keinen Pardon. Es ist ein allgemeines Schlachten, ein Kampf wilder, wütender, blutdürstiger Tiere. Selbst die Verwundeten verteidigen sich bis zum letzten Augenblick. Wer keine Waffen hat, packt den Gegner und zerreißt ihm die Gurgel mit den Zähnen. (Dunant 2006 [1862], S. 18)

Und weiter:

> In der Stille der Nacht hört man Stöhnen, erstickte Angst- und Schmerzensschreie, herzzerreißende Hilferufe. Wer könnte jemals die Todeskämpfe dieser schrecklichen Nacht beschreiben! Die Sonne des 25. Juni beleuchtet eines der schrecklichsten Schauspiele, das sich erdenken lässt. Das Schlachtfeld ist allerorten bedeckt mit Leichen von Menschen und Pferden. In den Straßen, Gräben, Bächen, Gebüschen und Wiesen, überall liegen Tote, und die Umgebung von Solferino ist im wahren Sinne des Wortes mit Leichen übersät. Die Felder sind verwüstet, Getreide und Mais sind niedergetreten, die Hecken zerstört, die Zäune niedergerissen, weithin trifft man überall auf Blutlachen. Die Dörfer sind verlassen. Überall zeigen sich Spuren von Verwüstungen, die durch Gewehrschüsse, Stückkugeln, Granaten und Haubitzgeschosse angerichtet sind. (a.a.O., S. 50)

Der zweite Teil beschreibt die schwierige Versorgungslage, die Arbeit der Ärzte und Sanitätssoldaten, der helfenden Frauen, aber vor allem auch das Leiden der Verletzten, Kranken und Sterbenden.

> Während des Kampfes waren überall, in den Gutshöfen, Häusern, Kirchen und Klöstern der Umgebung oder auch im Freien, im Schatten der Bäume, behelfsmäßige Verbandstätten eingerichtet worden. Hier legte man am nächsten Morgen verwundeten Offizieren, Unteroffizieren und Soldaten Notverbände an. Die französischen Ärzte hatten unermüdliche Hingabe gezeigt. Viele von ihnen gönnten sich während mehr als vierundzwanzig Stunden keinen Augenblick Ruhe. Zwei von ihnen, die bei dem Verbandplatz waren, der dem Doktor Méry, dem Chefarzt der Garde, unterstand, mussten so viele Amputationen vornehmen und so viele Verbände anlegen, dass sie ohnmächtig wurden. Auf einem anderen Verbandplatz musste einer ihrer Kollegen, der völlig erschöpft war, sich von zwei Soldaten stützen lassen, um seine Pflicht weiter erfüllen zu können. (a.a.O., S. 46)

Und weiter:

> Die Frauen von Castiglione erkennen bald, dass es für mich keinen Unterschied der Nationalität gibt, und so folgen sie meinem Beispiel und lassen allen Soldaten,

die ihnen völlig fremd sind, das gleiche Wohlwollen zuteil werden. „Tutti fratelli", wiederholen sie gerührt immer wieder. Ehre sei diesen mitleidigen Frauen, diesen jungen Mädchen von Castiglione. Es gab nichts, was sie zurückgeschreckt, erschöpft oder entmutigt hätte. Ihre bescheidene Hingebung kannte keine Müdigkeit und keinen Ekel; kein Opfer war ihnen zu viel. Das Gefühl, so außerordentlichen und schwerwiegenden Verhältnissen nahezu hilflos gegenüberzustehen, bedeutet eine unnennbare Qual. Es ist wirklich peinvoll, denjenigen, die man unter den Händen hat, keine Linderung verschaffen zu können und nicht imstande zu sein, zu denen zu gehen, die bittend nach einem rufen. (a.a.O., S. 87)

Sind solche Berichte von Schlachten häufiger zu lesen, so ist der dritte Teil des Büchleins innovativ und schließlich auch wirkmächtig.

Dunant anerkennt im obigen Zitat die Leistung der Frauen, aber er erkennt auch die Grenzen solcher Hilfsaktionen. Sind doch die Helferinnen zwar sehr willig und mutig, aber leider nicht auf eine solche Herausforderung vorbereitet.

Mit ihnen hätten beherzte und erfahrene Männer stehen müssen, fähige, sichere und planmäßig eingesetzte Hilfskräfte, deren Zahl genügt hätte, um sogleich eine geordnete Pflege zu organisieren. Dann hätte es gelingen können, viele Zwischenfälle zu vermeiden und ebenso viele fiebrige Erkrankungen, welche die Heilung der Wunden komplizierten, so dass Verletzungen, die zunächst ganz leicht waren, sehr bald zum Tode führten. (a.a.O., S. 150)
Aber wie viele Werke der Liebe sind der Vergessenheit anheimgefallen, blieben mehr oder weniger erfolglos, weil sie vereinzelt dastanden und nicht durch ein gemeinsames, gut organisiertes Hilfswerk geleitet wurden! Hätte es bei Solferino ein solches internationales Hilfswerk gegeben, oder wären am 24., 25. und 26. Juni in Castiglione oder zur gleichen Zeit auch in Brescia, Mantua oder Verona solche freiwilligen Helfer gewesen, wie viel unbeschreiblich Gutes hätten sie leisten können! (a.a.O., S. 149).

Hier entwickelte Dunant die Idee einer auf Kriege und umfassende Notlagen vorbereiteten Hilfsorganisation, die später als Rotes Kreuz entstand. Für diese Idee wirbt Dunant in dem Buch, das er auch an Militärs und Politiker in Europa verteilte, deren Unterstützung erbat und positiven Effekt herausstellte:

Welcher Herrscher wäre nicht glücklich, wenn er den Soldaten seiner Armee die Sicherheit geben könnte, dass sie unverzüglich angemessene Pflege finden werden, sobald sie verwundet sind? Welcher Staat würde nicht diejenigen beschützen, die auf diese Weise versuchen, das Leben nützlicher Bürger zu retten, denn der Soldat, der bei der Verteidigung seines Vaterlandes verwundet wird, verdient doch gewiss die Fürsorge des ganzen Landes. Welcher Offizier, welcher General, der doch die Soldaten gewissermaßen als „seine Kinder" betrachtet, wäre nicht glücklich, freiwilligen Helfern ihre Aufgabe zu erleichtern? Welcher Militärintendant, welcher

2.2 Von den Vorschlägen zur Umsetzung.

Chefarzt würde nicht dankbar die Hilfe einer Schar einsichtiger Menschen annehmen, die bereit sind, unter einer guten und vernünftigen Leitung taktvoll ihren Dienst zu versehen? Und schließlich: Ist es in einer Epoche, wo man so viel von Fortschritt und Zivilisation spricht, nicht dringend nötig, da nun einmal unglücklicherweise Kriege nicht immer verhindert werden können, darauf zu bestehen, dass man im Sinne wahrer Menschlichkeit und Zivilisation einen Weg sucht, um wenigstens seine Schrecken etwas zu mildern? (a.a.O., S. 156)

Doch nicht nur die Gründung der Hilfsorganisation schlägt er vor, sondern er empfiehlt deren Absicherung auf der Grundlage eines Vertrages:

Wäre es nicht wünschenswert, dass die hohen Generale verschiedener Nationen, wenn sie gelegentlich, wie beispielsweise in Köln oder Châlons, zusammentreffen, diese Art von Kongress dazu benutzten, irgendeine internationale rechtsverbindliche und allgemein hochgehaltene Übereinkunft zu treffen, die, wenn sie erst festgelegt und unterzeichnet ist, als Grundlage dienen könnte zur Gründung von *Hilfsgesellschaften für Verwundete* in den verschiedenen Ländern Europas? Es ist umso wichtiger, über solche Maßregeln schon im Voraus eine Übereinkunft zu treffen, weil Kriegführende, wenn die Feindseligkeiten einmal ausgebrochen sind, nicht mehr geneigt sind, diese Fragen anders als unter dem Gesichtspunkt des eigenen Landes und der eigenen Soldaten zu betrachten! (a.a.O., S. 155).

2.2 Von den Vorschlägen zur Umsetzung

Henry Dunant ließ die „Erinnerung an Solferino" erst selbst in kleiner Auflage drucken und versandte sie an Politiker und Militärs in Europa, bevor Ende 1862 das Buch verlegt und damit einem breiteren Publikum zugänglich wurde. Es löste nicht nur umfassende Diskussionen über die Schrecken des – aus damaliger Sicht – modernen Krieges aus, sondern führte auch zu nachhaltigen Aktivitäten.

2.2.1 Vom Komitee der Fünf zum IKRK

Henry Dunant fand in seiner Heimatstadt Genf Unterstützung für seine Vorschläge und Forderungen. Gemeinsam mit dem Juristen Gustave Moynier, dem Armeegeneral Henry Dufour sowie den zwei Ärzten Luis Appia und Théodore Maunoir gründete er 1863 das „Komitee der Fünf", das schon nach wenigen Tagen in „Internationales Komitee der Hilfsgesellschaften für die Verwundetenpflege" umbenannt wurde – und dann seit 1876 die Bezeichnung „Internationales Komitee vom Roten Kreuz" (im Folgenden: IKRK) trägt (bzw. Comité International de la Croix-Rouge [CIRC] oder International Committee of the Red Cross [ICRC]).

Dieses Komitee setzte sich die Aufgabe, die Vorschläge Dunants weiterzuentwickeln, für die Ideen zu werben und Maßnahmen gegen die Unzulänglichkeiten der Sanitätsdienste umzusetzen. Sie luden zum Oktober 1863 zu einer internationalen Konferenz ein, auf der über die Gründung von Hilfsgesellschaften für Kriegsverwundete, die Neutralität der Verwundeten und die Entsendung von freiwilligen Pflegekräften für Hilfsleistungen auf dem Schlachtfeld beraten wurde. Zudem wurde die Durchführung weiterer internationaler Konferenzen zum Themenfeld erörtert und ein gemeinsames Kenn- und Schutzzeichen für die Helfenden und Hilfsorganisationen vereinbart: das Rote Kreuz auf weißem Grund – eine farbliche Umkehrung der schweizerischen Nationalflagge. An der Konferenz nahmen offizielle und nicht-offizielle staatliche Delegierte aus Frankreich, Großbritannien, Italien, Niederlande, Russland, Schweden, Spanien und den damals noch selbstständigen deutschen Ländern Bayern, Hannover, Hessen-Darmstadt und Preußen teil, aber auch Vertreter von Vereinen und Verbänden.

Das IKRK gilt seitdem als die zentrale, völkerrechtlich anerkannte, unabhängige Institution, die sich der Entwicklung des Humanitären Völkerrechts widmet und bei bewaffneten Konflikten als neutrale, unparteiliche, nur dem Prinzip der Menschlichkeit folgende Organisation agiert.

2.2.2 Die Rotkreuz- (und Rothalbmond-)Bewegung

Diente das Rote Kreuz zunächst nur als Kennzeichen für Helfende, die damit für die Hilfsbedürftigen erkennbar werden, aber vor allem auch im Schlachtengetümmel als neutrale Personen geschützt sein sollten, so wurde es bald zum Kennzeichen der zunächst z. B. als „Sanitätsvereine" oder „Vereine zur Pflege verwundeter Krieger" firmierenden Gesellschaften. Derartige Vereine wurden in den späten 1860er und 1870er Jahren vielerorts in Europa gegründet und auch zu nationalen Rotkreuz-Gesellschaften organisiert.

Schnell zeigten sich die Vereine als wichtige und im Sinne Dunants Ideen wirkungsvolle Organisationen zum Schutz der Verwundeten im Felde. Zum Beispiel im Deutsch-Dänischen Krieg (1864), im Deutschen Krieg (1866), im Deutsch-Französischen Krieg (1871) wurden unter dem Zeichen des Roten Kreuzes Rettungs- und Lazarettdienste verrichtet. Das Kennzeichen etablierte sich weiter.

Doch nicht nur in Europa, sondern auch in der Türkei fand die Idee der nationalen Hilfsgesellschaft für kranke und verwundete Soldaten Widerhall, die dort 1868 gegründet wurde. Sie wurde 1877 in die „Osmanische Organisation des

Roten Halbmonds" umbenannt. In Abgrenzung zum christlich anmutenden Kreuz wurde mit dem Halbmond ein weiteres Symbol eingeführt, das in muslimischen Ländern Akzeptanz findet.

Die Zahl der nationalen Hilfsgesellschaften wuchs stetig weiter. 2024 bestehen in 191 (von weltweit ca. 200) Staaten Rotkreuz- bzw. Rothalbmondgesellschaften), die sich zur Internationalen Föderation der Rotkreuz- und Rothalbmond-Gesellschaften (IFRK) zusammengeschlossen haben. Dies ist das weltweit größte Netzwerk von Sanitäts-Hilfsorganisationen, in dem ca. 16 Mio. Freiwillige mitwirken (vgl. https://www.ifrc.org).

Alle Rotkreuz- und Rothalbmondgesellschaften sind weltweit gemeinsamen Grundsätzen verpflichtet (DRK 2007: 4–5).

Grundsätze der Rotkreuz- und Rothalbmondgesellschaften

Menschlichkeit Die Internationale Rotkreuz- und Rothalbmondbewegung, entstanden aus dem Willen, den Verwundeten der Schlachtfelder unterschiedslos Hilfe zu leisten, bemüht sich in ihrer internationalen und nationalen Tätigkeit, menschliches Leiden überall und jederzeit zu verhüten und zu lindern. Sie ist bestrebt, Leben und Gesundheit zu schützen und der Würde des Menschen Achtung zu verschaffen. Sie fördert gegenseitiges Verständnis, Freundschaft, Zusammenarbeit und einen dauerhaften Frieden unter allen Völkern;

Unparteilichkeit Die Rotkreuz- und Rothalbmondbewegung unterscheidet nicht nach Nationalität, Rasse, Religion, sozialer Stellung oder politischer Überzeugung. Sie ist einzig bemüht, den Menschen nach dem Maß ihrer Not zu helfen und dabei den dringendsten Fällen den Vorrang zu geben;

Neutralität Um sich das Vertrauen aller zu bewahren, enthält sich die Rotkreuz- und Rothalbmondbewegung der Teilnahme an Feindseligkeiten wie auch, zu jeder Zeit, an politischen, rassischen, religiösen oder ideologischen Auseinandersetzungen;

Unabhängigkeit Die Rotkreuz- und Rothalbmondbewegung ist unabhängig. Wenn auch die Nationalen Gesellschaften den Behörden bei ihrer humanitären Tätigkeit als Hilfsgesellschaften zur Seite stehen und den jeweiligen Landesgesetzen unterworfen sind, müssen sie dennoch eine Eigenständigkeit bewahren, die ihnen gestattet, jederzeit nach den Grundsätzen der Rotkreuz- und Rothalbmondbewegung zu handeln;

Freiwilligkeit Die Rotkreuz- und Rothalbmondbewegung verkörpert freiwillige und uneigennützige Hilfe ohne jedes Gewinnstreben;

Einheit In jedem Land kann es nur eine einzige Nationale Rotkreuz- oder Rothalbmondgesellschaft geben. Sie muß allen offen stehen und ihre humanitäre Tätigkeit im ganzen Gebiet ausüben;

Universalität Die Rotkreuz- und Rothalbmondbewegung ist weltumfassend. In ihr haben alle Nationalen Gesellschaften gleiche Rechte und die Pflicht, einander zu helfen.

Mit dem IKRK, das seine Schwerpunkte im Kontext von Hilfen in bewaffneten Konflikten und bei der Pflege des Humanitären Völkerrechts hat, sowie der IFRK, das die nationalen Hilfsgesellschaftsaktivitäten unterstützt und bei humanitären Krisen jenseits von Kriegen agiert, besteht ein weltweites und einzigartiges Hilfssystem.

2.2.3 Das (erste) Genfer Abkommen

In der Folge der Internationalen Konferenz 1863 wurde auf Anregung des Internationalen Komitees schon 1864 vom Schweizerischen Bundesrat eine weitere Konferenz einberufen. An ihr nahmen wieder Delegierte aus der Schweiz, Baden, Belgien, Dänemark, Spanien, Frankreich, Hessen, Italien, Niederlande, Portugal/Algarvien, Preußen und Württemberg, die

> gleichermaßen von dem Wunsche beseelt, soviel von ihnen abhängt, die vom Kriege unzertrennlichen Übel zu mildern, nutzlose Härte zu verhüten und das Los der auf den Schlachtfeldern verwundeten Militärpersonen zu lindern, zu diesem Ende eine Konvention abzuschließen. (Präambel der Genfer Konvention 1864, in SRK 2006, S. 161).

Sie beschlossen am 22. August 1864 die „Genfer Konvention betreffend die Linderung des Loses der im Felddienst verwundeten Militärpersonen". In – im Vergleich zum aktuellen Regelwerk der Genfer Konventionen und deren Zusatzprotokollen mit über 600 Artikeln – schlanken 10 Artikeln regelt sie die Neutralität und den Schutz von Feldlazaretten, die Neutralität des Sanitäts- und Lazarettpersonals sowie der Feldprediger, den Schutz der Landbevölkerung bei ihren Hilfsdiensten, die Versorgung verwundeter Soldaten, die Kennzeichnung von Sanitätspersonal und Lazaretten mit einer Armbinde bzw. Fahne sowie die

2.2 Von den Vorschlägen zur Umsetzung.

Verpflichtung der Oberbefehlshaber für die Umsetzung der Konvention Sorge zu tragen. Die Vertragsstaaten luden zudem andere Regierungen ein, der Konvention beizutreten.

Die Genfer Konvention war die erste umfassendere humanitär-völkervertragliche Regelung, die dann in den Folgejahre von weiteren Staaten ratifiziert wurde und schon in den nächsten Auseinandersetzungen wie dem Deutsch-Französischen Krieg (1870/71) und dem Spanisch-Amerikanischen Krieg (1898) Anwendung fand.

Lernen aus Kriegskatastrophen – Entwicklung des Humanitären Völkerrechts

3

Den Impuls für die (erste) Genfer Konvention von 1864 als völkervertragliches Regelwerk zum Schutz von verwundeten Soldaten gab Henry Dunant mit seinem Buch „Eine Erinnerung an Solferino", das geprägt war von dem Erschrecken über die Brutalität der Kriegsführung und die Unzulänglichkeiten der Versorgung der Verwundeten. Doch nicht nur der Sardinische Krieg, sondern schon zuvor der Krimkrieg (1853–1856) zeigte die durch die Industrialisierung weiterentwickelte Kriegstechnik mit ihrem erhöhten Schädigungspotenzial und die sich dementsprechend erweiterten Bedarfe zur Verletztenversorgung. Beide Problembereiche bedurften der weiteren Befassung durch die Staaten, die mit dem Instrument der internationalen Verträge und Konventionen versuchten, gemeinsame Regelungen zu finden. Noch vor und dann auch nach dem Ersten Weltkrieg (1914–1918) wurde das internationale Kriegsrecht weiterentwickelt.

3.1 Haager und Genfer Recht

Die Industrialisierung hatte im 19. Jahrhundert die Methoden der Kriegsführung und die Art der Kampfmittel deutlich erweitert. Die Mobilität der Truppen „zu Felde" und zur See wurde vergrößert, die Waffentechnik verfeinert, die Reichweite und Zerstörungskraft der Geschosse erhöht. Der Wettbewerb um die Weiterentwicklung der Kriegstechnik, die Erfindung und der Einsatz von wirkmächtigeren Waffen prägten im Rahmen der sich drastisch verschiebenden Machtordnung in Europa die sich verändernden Bedingungen von Kriegen. Zugleich wuchs aber auch das Erschrecken über die erweiterten Schädigungen und Bedrohungen. Die Bemühungen um die „Verbesserung" der Kriegsfähigkeit zur Klärung der politischen Machtpositionen trafen auf die Forderung von Rüstungsbegrenzung und die

Entstehung von Friedensbewegungen. Die Hoffnungen auf die Möglichkeiten des Kriegs- oder Schlachtgewinns trafen auf die Befürchtungen der eigenen Schädigungen und der Kosten für Krieg und Wiederaufbau.

Mit dem Instrument des völkerrechtlichen Vertrags wurde eine Beschränkung des Krieges angestrebt. Es entwickelten sich zwei Vertragssysteme: das Haager Recht, das die Kriegsführung regelte, und das Genfer Recht, das den Schutz von nicht-mehr-kämpfenden, z. B. verwundeten oder gefangenen Soldaten betraf.

3.1.1 Haager Friedenskonferenz und Haager Landkriegsordnung

Bereits 1868 wurde mit der Petersburger Erklärung über den Einsatz von explosiven Projektilen eine völkerrechtliche Vereinbarung getroffen, die die Nichtanwendung kleinerer Sprenggeschosse (weniger als 400 g) regelte, um schwere Verletzungen zu vermeiden. Hervorzuheben von diesem Vertrag ist die für die weitere Entwicklung des Kriegsrechts bzw. Humanitären Völkerrechts zentrale Feststellung, dass die „Erfordernisse des Krieges vor denjenigen der Humanität zurücktreten müssen" und die „Fortschritte der Zivilisation dahin zielen sollen, die Kalamitäten des Kriegs möglichst zu lindern." Die Vertragsstaaten erklärten,

> „dass der einzige rechtmäßige Zweck, den die Staaten während des Krieges sich vorzusetzen haben, die Schwächung der Militärkräfte des Feindes ist;
> dass es zu diesem Zwecke genügt, möglichst viele Mannschaft kampfunfähig zu machen;
> dass dieser Zweck durch den Gebrauch von Waffen überschritten würde, welche unnötigerweise die Leiden der außer Kampf Gesetzten erhöhen oder ihren Tod unvermeidlich machen würden;
> dass demnach der Gebrauch solcher Waffen den Gesetzen der Humanität zuwiderliefe."

Die Schwächung und schließlich Kampfunfähigkeit des Gegners durch die Verwundung und Tötung dessen Soldaten sind also erlaubt, verboten ist jedoch die nicht erforderliche Verwundung und Tötung oder die Schädigung um ihrer selbst willen.

Diesen Grundgedanken greift auch die Friedenskonferenz in Den Haag auf, zu der Zar Nikolaus II 1899 eingeladen hatte und die 1907 eine Folgekonferenz erfuhr. Die dort getroffenen Abkommen und insbesondere die dort beschlossene Haager Landkriegsordnung regeln den Einsatz von Kampfmitteln und die Methoden der Kriegsführung und basieren auf der Prämisse:

Art. 22 Landkriegsordnung

Die Kriegführenden haben kein unbeschränktes Recht in der Wahl der Mittel zur Schädigung des Feindes.

Beschlossen wurden insgesamt 13 Abkommen u. a. betreffend „die friedliche Erledigung von internationalen Streitfällen", „den Beginn der Feindseligkeiten", „Rechte und Pflichten der neutralen Mächte und Personen im Falle des Landkriegs", „das Beuterecht im Seekrieg" oder die „Umwandlung von Kauffahrteischiffen in Kriegsschiffe" und die „Legung von unterseeischen selbsttätigen Kontaktminen". Besondere Bedeutung hat jedoch das „Haager Abkommen betreffend die Gesetze und Gebräuche des Landkriegs" mit der so genannten Haager Landkriegsordnung. Sie benennt „Verhaltungsmaßregeln", definiert Kriegsparteien, regelt den Umgang mit Kriegsgefangenen, mit Kranken und Verwundeten, begrenzt Mittel zur Schädigung des Feindes, Belagerungen und Beschießungen, klärt den Umgang mit Spionen und Parlamentären, die Rahmensetzung von Kapitulationen und Waffenstillstand sowie den Einsatz von militärischer Gewalt auf besetztem feindlichen Gebiet.

Das Haager Recht wurde 1923 mit den Haager Luftkriegsregeln und 1925 mit dem Genfer Giftgasprotokoll präzisiert und erweitert.

Mit der Begrenzung der Art und des Einsatzes von Kriegsmitteln und der Forderung, die Menschlichkeit im Rahmen des militärisch Erforderlichen zu beachten, ist das Haager Recht ein zentraler Baustein des Humanitären Völkerrechts. Haben die verschiedenen Abkommen grundsätzlich nur Bindungswirkung, wenn alle am Konflikt beteiligten Parteien auch Vertragsstaaten sind, so hat doch die Haager Landkriegsordnung den Rang des Völkergewohnheitsrechts, ist also durch die gemeinsame Rechtsüberzeugung und allgemeine Übung allgemeingültig, auch wenn ein Staat das Abkommen nicht ratifizierte.

3.1.2 Das Genfer Recht

Das Genfer Recht beruht auf dem Geist der Genfer Konvention von 1864. Hier geht es vor allem darum, den zum Beispiel aufgrund von Verletzung, Erkrankung oder Gefangennahme nicht mehr Kämpfenden bzw. den nicht an Kampfhandlungen beteiligten Zivilpersonen Schutz zu gewähren und ihre Versorgung zu sichern. Stand in dem ersten Abkommen noch das Los der Verwundeten im Felde im Vordergrund, so wurde – im Rahmen der Friedenskonferenz von 1899, also im Haager Recht – der Schutzbereich auf den Seekrieg der Streitkräfte zur See erweitert. Der Schutz und die Neutralität von farblich kenntlich gemachten und mit der Rotkreuz-Flagge markierten Lazarettschiffen, die unparteiliche Betreuung von Verwundeten, Kranken und Schiffbrüchigen sowie die Unverletzlichkeit des Lazarettpersonals waren die bedeutenden Regelungstatbestände.

Da im Ersten Weltkrieg häufig gegen die Landkriegsordnung verstoßen und Kriegsgefangene nicht nach deren Vorgaben behandelt wurden, bedurfte es konkreterer Regelungen für diese Personengruppe. Das „Genfer Abkommen über die Behandlung von Kriegsgefangenen" von 1929 leistete Definitionsarbeit zur Bestimmung der Zielgruppe der gefangenen Soldaten wie auch von gefangenen Zivilpersonen, beschrieb Anforderungen an die Gefangennahme sowie die Bedingungen der Gefangenschaft. Die Anforderungen an die Unterbringung, Versorgung mit Nahrung und Kleidung, das Recht auf Religionsausübung, der Arbeitseinsatz und auch die Beendigung der Gefangenschaft wurden hier vereinbart. Obgleich diese Konvention für alle Staaten verbindlich war (also auch, wenn eine Kriegspartei diese nicht ratifiziert hatte), wurde diese Konvention im Zweiten Weltkrieg von den großen Kriegsparteien Deutschland und Russland weitgehend ignoriert. Und auch gegen die Anforderungen anderer Verträge des Haager und Genfer Rechts wurde in dieser Zeit massiv verstoßen. Die Zahl der Kriegsverbrechen war besonders auf deutscher Seite hoch. Die Feststellung der Verstöße, die mangelnde Reichweite des angesichts der kriegsstrategischen, technischen und politischen Entwicklung teilweise überholten Haager und Genfer Rechts sowie das Erschrecken über die gegenüber vorherigen Kriegen deutlich erhöhte Schädigung von Zivilpersonen waren nach dem Krieg Anlass für eine grundlegende Revision der Verträge.

Auf Einladung des Schweizer Bundesrats wurde im Jahr 1948 mit den Genfer Konventionen das bisherige Humanitäre Völkerrecht grundlegend überarbeitet, harmonisiert und vor dem Hintergrund des Schreckens des Zweiten Weltkrieges, der begangenen Kriegsverbrechen und der festgestellten Unzulänglichkeiten des bestehenden Vertragsrechts erweitert. Aufbauend auf die im Wesentlichen vom IKRK-Juristen Jean Pictet (1914–2002) vorgelegten Entwürfe entstanden vier Abkommen:

- Genfer Abkommen vom 12. August 1949 zur Verbesserung des Loses der Verwundeten und Kranken der Streitkräfte im Felde (I. Genfer Abkommen)
- Genfer Abkommen vom 12. August 1949 zur Verbesserung des Loses der Verwundeten, Kranken und Schiffbrüchigen der Streitkräfte zur See (II. Genfer Abkommen)

- Genfer Abkommen vom 12. August 1949 über die Behandlung von Kriegsgefangenen (III. Genfer Abkommen)
- Genfer Abkommen vom 12. August 1949 zum Schutz von Zivilpersonen in Kriegszeiten (IV. Genfer Abkommen)

Sie bilden den Kern des Humanitären Völkerrechts und sind von allen Staaten der Welt anerkannt und haben universelle Geltung.

In Ergänzung zu den Genfer Abkommen wurden 1977 zwei Zusatzprotokolle verabschiedet:

- Zusatzprotokoll vom 8. Juni 1977 zu den Genfer Abkommen vom 12. August 1949 über den Schutz der Opfer internationaler bewaffneter Konflikte
- Zusatzprotokoll vom 8. Juni 1977 zu den Genfer Abkommen vom 12. August 1949 über den Schutz der Opfer nicht internationaler bewaffneter Konflikte,

die auch Elemente des Haager Rechts zu den Mitteln und Methoden der Kriegsführung mit aufnahmen.

2005 wurde die bislang letzte Ergänzung vorgenommen:

- Zusatzprotokoll vom 8. Dezember 2005 zu den Genfer Abkommen vom 12. August 1949 über die Annahme eines zusätzlichen Schutzzeichens.

Diese und weitere multilaterale, jedoch nicht den GA zugehörige Verträge, z. B. über den Einsatz bestimmter Waffen oder zum Schutz von Kulturgütern oder der Umwelt, wurden nicht so umfassend ratifiziert und erlangen darum weniger Reichweite.

Die juristisch komplexen Verträge beschreiben sehr differenziert die Anwendungsbereiche, definieren Akteure und Adressaten, präzisieren örtliche und räumliche Bedingungen, Verantwortlichkeiten, Anforderungen und Beschränkungen des Handelns in bewaffneten Konflikten. Sie sind juristisch zu interpretieren und im Kontext u. a. des weiteren Völkerrechts – von der UN-Charta, den Menschenrechtserklärungen bis hin zu spezifischen Verträgen – zu verstehen, was aber den Charakter der Essentials sprengen würde. Insofern erfolgt hier eine Konzentration auf die – nach Ansicht des Autors – besonders hervorzuhebenden Elemente.

3.2 Zentrale Elemente des Humanitären Völkerrechts

3.2.1 Anwendungsbereiche: Kriege und bewaffnete Konflikte

Die ursprüngliche Idee des Humanitären Völkerrechts, also sowohl der Haager Landkriegsordnung (im Folgenden: HLKO) und der Genfer Abkommen (im Folgenden: GA) betraf die Sicherung der Menschlichkeit im Krieg. Hierbei stand der internationale Krieg, also der zwischen zwei Staaten ausgetragene militärisch bewaffnete Konflikt im Vordergrund, der in der Regel auch durch eine formelle Kriegserklärung von mindestens einem Konfliktpartner bestätigt wurde.

Es gibt zahlreiche Ansätze „Krieg" zu definieren und zu typologisieren (im Überblick BICC 2011). Juristisch, also völkerrechtlich wird Krieg durch zwei Merkmale bestimmt: „Zum einen muss ein bewaffneter Kampf zwischen Staaten oder Staatengruppen stattfinden; zum anderen bedarf es des Eintritts des Kriegszustandes in Form einer Kriegserklärung oder durch das Stellen eines Ultimatums" (WissD BT 2007, S. 3).

Weitgehend hat sich im Bereich der sozialwissenschaftlichen Friedens- und Konfliktforschung die von der Hamburger Arbeitsgemeinschaft Kriegsursachenforschung (AKUF) (2024) vorgelegte Definition für Krieg als „bewaffneter Massenkonflikt" durchgesetzt, der folgende Merkmale aufweist:

▶ **Definition**

1. „an den Kämpfen sind zwei oder mehr bewaffnete Streitkräfte beteiligt, bei denen es sich mindestens auf einer Seite um reguläre Streitkräfte (Militär, paramilitärische Verbände, Polizeieinheiten) der Regierung handelt;
2. auf beiden Seiten muss ein Mindestmaß an zentral gelenkter Organisation der Kriegführenden und des Kampfes gegeben sein, selbst wenn dies nicht mehr bedeutet als organisierte bewaffnete Verteidigung oder planmäßige Überfälle (Guerillaoperationen, Partisanenkrieg usw.);
3. die bewaffneten Operationen ereignen sich mit einer gewissen Kontinuität und nicht nur als gelegentliche, spontane Zusammenstöße, d. h. beide Seiten operieren nach einer planmäßigen Strategie, gleichgültig ob die Kämpfe auf dem Gebiet einer oder mehrerer Gesellschaften stattfinden und wie lange sie dauern."

Doch nicht jede militärische Auseinandersetzung erfüllt alle diese Kriterien, vor allem nicht die Erfordernisse der Kriegserklärung oder die Beteiligung mehrerer Staaten. Diese Problematik greifen die vier GA bereits in ihrem jeweiligen Artikel 2 auf und betonen die Anwendung ihrer Regeln nicht nur in Fällen des erklärten Krieges, sondern auch in anderen „bewaffneten Konflikten". Dieser Begriff ist deutlich weiter und offener als der des Krieges, erfordert also keine formale Kriegserklärung, fragt nicht nach der Rechtmäßigkeit der Anwendung militärischer Gewalt und misst sich nicht an der Dauer und Intensität der Auseinandersetzung. Mit dieser Öffnung des HVR auf die unterschiedlichen (militärisch) bewaffneten Konflikte wird die Gültigkeit der GA ausgeweitet und den Konfliktparteien die Möglichkeit genommen, durch ein fehlendes Kriegsmerkmal auf die Beachtung der rechtlich beschränkten Kriegsführung und des humanitären Schutzes verzichten zu können.

Dass aber die Anwendungsfelder auf den erklärten Krieg und eines anderen bewaffneten Konflikts nicht immer hinreichend die unterschiedlichen Konfliktlagen abdeckt und somit doch noch Anwendungslücken bestehen könnten, wurde in den zwei Zusatzprotokollen zu den GA aus dem Jahr 1977 berücksichtigt. Ausdrücklich werden bewaffnete Konflikte „in denen Völker gegen Kolonialherrschaft und fremde Besetzung sowie gegen rassistische Regimes in Ausübung ihres Rechts auf Selbstbestimmung kämpfen" [sog. Befreiungskriege] (ZP I, Art. 1 Abs. 4) sowie Konflikte wie z. B. Bürgerkriege erfasst, die zwischen staatlichen „Streitkräften und abtrünnigen Streitkräften oder anderen organisierten bewaffneten Gruppen stattfinden, die unter einer verantwortlichen Führung eine solche Kontrolle über den Teil des Hoheitsgebietes der Hohen Vertragspartei ausüben, daß sie anhaltende, koordinierte Kampfhandlungen durchführen" (ZP II, Art. 1, Abs. 1).

Nicht im Anwendungsbereich der GA und die Kategorie des bewaffneten Konflikts stehen hingegen „Fälle innerer Unruhen und Spannungen wie Tumulte, vereinzelt auftretende Gewalttaten" (ZP II, Art. 1, Abs. 2). Sie werden vielmehr im Strafrecht der jeweiligen Staaten betrachtet und von z. B. der Polizei und der Justiz bearbeitet, wobei sie die allgemeinen Menschenrechte zu beachten haben.

3.2.2 Die humanitären Mindeststandards in Landkriegsordnung und Genfer Abkommen

Das Humanitäre Völkerrecht akzeptiert, dass Menschen Krieg führen, aber es versucht, von den Kriegführenden ein Mindestmaß an Menschlichkeit gegenüber den Kämpfenden als auch den Nicht-(Mehr-)Kämpfenden einzufordern.

In der Haager Landkriegsordnung werden entsprechende Verbote für die Kriegsführung aufgestellt.

Art. 23 HLKO: Verbote

Abgesehen von den durch Sonderverträge aufgestellten Verboten, ist namentlich untersagt:

a. die Verwendung von Gift oder vergifteten Waffen,
b. die meuchlerische Tötung oder Verwundung von Angehörigen des feindlichen Volkes oder Heeres,
c. die Tötung oder Verwundung eines die Waffen streckenden oder wehrlosen Feindes, der sich auf Gnade oder Ungnade ergeben hat,
d. die Erklärung, daß kein Pardon gegeben wird,
e. der Gebrauch von Waffen, Geschossen oder Stoffen, die geeignet sind, unnötig Leiden zu verursachen,
f. der Mißbrauch der Parlamentärflagge, der Nationalflagge oder der militärischen Abzeichen oder der Uniform des Feindes sowie der besonderen Abzeichen des Genfer Abkommens,
g. die Zerstörung oder Wegnahme feindlichen Eigentums außer in den Fällen, wo diese Zerstörung oder Wegnahme durch die Erfordernisse des Krieges dringend erheischt wird,
h. die Aufhebung oder zeitweilige Außerkraftsetzung der Rechte und Forderungen von Angehörigen der Gegenpartei oder die Ausschließung ihrer Klagbarkeit.

Zudem gilt die bereits 1899 in die Beratungen der HLKO vom russisch-estnischen Diplomaten und Juristen Friedrich Fromhold Martens entworfene und als „Martens'sche Klausel" in das Völkerrecht eingeflossene Aussage, dass die Vertragschließenden festsetzen, dass

> in den Fällen, die in den Bestimmungen der von ihnen angenommenen Ordnung nicht einbegriffen sind, die Bevölkerung und die Kriegführenden unter dem Schutze und der Herrschaft der Grundsätze des Völkerrechts bleiben, wie sie sich ergeben aus den unter gesitteten Völkern feststehenden Gebräuchen, aus den Gesetzen der Menschlichkeit und aus den Forderungen des öffentlichen Gewissens. (Präambel der HLKO)

In allen vier Genfer Abkommen wird die Mindestanforderung an die Menschlichkeit (mit Verweis auf den nicht-internationalen) bewaffneten Konflikt im jeweiligen Artikel 3 beschrieben:

Art. 3 GA I-IV

1. Personen, die nicht direkt an den Feindseligkeiten teilnehmen, einschließlich der Mitglieder der bewaffneten Streitkräfte, welche die Waffen gestreckt haben, und der Personen, die infolge Krankheit, Verwundung, Gefangennahme oder irgendeiner anderen Ursache außer Kampf gesetzt wurden, sollen unter allen Umständen mit Menschlichkeit behandelt werden, ohne jede Benachteiligung aus Gründen der Rasse, Farbe, Religion oder Glauben, Geschlecht, Geburt oder Vermögen oder aus irgendeinem ähnlichen Unterscheidungsmerkmal beruhende Benachteiligung. Zu diesem Zwecke sind und bleiben in Bezug auf die oben erwähnten Personen jederzeit und überall verboten:
   a) Angriffe auf das Leben und die Person, namentlich Tötung jeder Art, Verstümmelung, grausame Behandlung und Folterung;
   b) das Festnehmen von Geiseln;
   c) Beeinträchtigung der persönlichen Würde, namentlich erniedrigende und entwürdigende Behandlung;
   d) Verurteilungen und Hinrichtungen ohne vorhergehendes Urteil eines ordentlich bestellten Gerichtes, das die von den zivilisierten Völkern als unerlässlich anerkannten Rechtsgarantien bietet.
2. Die Verwundeten und Kranken werden geborgen und gepflegt.
   Eine unparteiische humanitäre Organisation, wie das Internationale Komitee vom Roten Kreuz, kann den am Konflikt beteiligten Parteien ihre Dienste anbieten.
   Die am Konflikt beteiligten Parteien werden sich anderseits bemühen, durch Sondervereinbarungen auch die anderen Bestimmungen des vorliegenden Abkommens ganz oder teilweise in Kraft zu setzen. Die Anwendung der vorstehenden Bestimmungen hat auf die Rechtsstellung der am Konflikt beteiligten Parteien keinen Einfluss.

Hier wird deutlich, dass die Genfer Abkommen zwar ein Kriegsrecht sind, dass jedoch der Schutzbereich die nicht (mehr) am Kampfgeschehen beteiligten Personen betrifft. Während es also im Sinne des Haager Rechts durchaus erlaubt oder gar selbstverständlich ist, Soldat:innen und andere Kämpfende zu verletzen oder zu töten, endet dieses Recht, sobald jemand an den Kampfhandlungen nicht mehr mitwirken kann (z. B. Verletzung, Gefangennahme), möchte (Aufgabe, Niederlegung der Waffen) oder darf (als Zivilist).

3.2.3 Kombattanten, Nichtkombattanten und Zivilisten

Über diese Zentralaussagen hinaus regeln die HLKO und die GA differenziert die Schutzbereiche der Menschen, wobei sie hierfür gemäß deren Beteiligung am bewaffneten Konflikt unterscheiden. Dabei haben selbstverständlich die Angehörigen der „bewaffneten Macht" eine spezifische Stellung. Diese bewaffnete Macht kann sowohl das staatliche Militär als auch eine Miliz oder ein Freiwilligen-Korps sein, „wenn sie folgende Bedingungen in sich vereinigen: 1. daß jemand an ihrer Spitze steht, der für seine Untergebenen verantwortlich ist, 2. daß sie ein bestimmtes aus der Ferne erkennbares Abzeichen tragen, 3. daß sie die Waffen offen führen und 4. daß sie bei ihren Unternehmungen die Gesetze und Gebräuche des Krieges beobachten." (Art. 1 HLKO).

Diejenigen, die sich als Angehörige der bewaffneten Macht berechtigt an den Feindseligkeiten und direkten Kampfhandlungen beteiligen – und dabei von einer strafrechtlichen Verfolgung wegen Tötung und Körperverletzung befreit sind, werden als Kombattanten bezeichnet. Sie haben einerseits das besondere Risiko im Kampf verletzt oder getötet zu werden, haben andererseits besondere Schutzrechte auf Versorgung gemäß der GA I und II. Auch als Kriegsgefangene gemäß GA III haben die Kombattanten spezifische Rechte und Pflichten (vgl. Abschnitt 3.2.5).

Nichtkombattanten sind vor allem Personen, die zwar Angehörige der Streitkräfte sind, aber nicht berechtigt sind, an den Kämpfen teilzunehmen. Sie haben im Kampf nur Notwehr- und Nothilferechte und könnten für andere Gewaltanwendungen juristisch belangt werden. Zu den Nichtkombattanten zählen beispielsweise beratende Juristen, andere Beamte, Angestellte oder Arbeiter des Militärs, z. B. in Wartungs- und Instandsetzungseinheiten. Sie sind ebenfalls uniformiert oder tragen ein spezifisches Erkennungszeichen. Sie dürfen angegriffen werden und werden im Falle der Gefangennahme als Kriegsgefangene gemäß GA III behandelt.

Art. 12 GA I[1]

„Die Mitglieder der Streitkräfte und die sonstigen im folgenden Artikel bezeichneten Personen,[2] die verwundet oder krank sind, werden unter allen Umständen geschont und geschützt.

---

[1] Im Wesentlichen gleichlautend ist der Art. 12 des GA II, der jedoch zusätzlich Schiffbrüchige jeder Art aufführt.

[2] Genannt sind verschiedene Gruppen von hier auch näher definierten Kombattanten, Nichtkombattanten und zivile Gruppierungen.

3.2 Zentrale Elemente des Humanitären Völkerrechts

Sie werden durch die am Konflikt beteiligten Partei, in deren Händen sie sich befinden, mit Menschlichkeit behandelt und gepflegt, ohne jede auf Geschlecht, Rasse, Nationalität, Religion, politischer Meinung oder irgendeinem anderen ähnlichen Unterscheidungsmerkmal beruhende Benachteiligung.

Streng verboten ist es, ihr Leben oder ihre Person anzugreifen, insbesondere sie umzubringen oder auszurotten, sie zu foltern, an ihnen biologische Versuche vorzunehmen, sie vorsätzlich ohne ärztliche Hilfe oder Pflege zu lassen oder sie eigens dazu geschaffenen Ansteckungs- oder Infektionsgefahren auszusetzen.

Nur dringliche medizinische Gründe rechtfertigen eine Bevorzugung in der Reihenfolge der Behandlung.

Frauen werden mit aller ihrem Geschlecht gebührenden Rücksicht behandelt."

Eine besondere, privilegierte Position innerhalb der Gruppe der Nichtkombattanten haben die Angehörigen des medizinischen und seelsorgerischen Personals. Sie tragen auch die Uniform der bewaffneten Macht, sind aber besonders gekennzeichnet, z. B. über eine Armbinde mit dem Roten Kreuz auf weißem Grund. Sie sind bei ihren Tätigkeiten zum Aufsuchen, zur Bergung, Beförderung oder Behandlung von Verwundeten und Kranken oder zur Verhütung von Krankheiten zu schonen und zu schützen (z. B. Art. 24 GA I), sind deshalb kein legitimes militärisches Ziel. Dies gilt gleichermaßen für das Sanitätspersonal der Streifkräfte wie auch die von nationalen Hilfsgesellschaften wie z. B. dem Roten Kreuz gestellten und von einer Kriegspartei notifizierten unterstützenden Kräfte (Art. 25 und 26 GA I).

Im Fall der Gefangennahme haben sie den Status des Kriegsgefangenen, dürfen jedoch ihre ärztlichen oder seelsorgerischen Tätigkeiten im Rahmen der militärischen Gesetze und Verordnungen des Gewahrsamsstaates weiter ausüben und dürfen nicht zu anderen Arbeiten gezwungen werden (Art. 33 GA III).

Zivilisten und zivile Objekte sollen in einem bewaffneten Konflikt besonders geschont und möglichst geschützt werden. Schon die HLKO untersagt, „unverteidigte Städte, Dörfer, Wohnstätten oder Gebäude, mit welchen Mitteln es auch sei, anzugreifen oder zu beschießen" (Art. 25 HLKO). Und mit dem GA IV wird dieser Personengruppe und ihrer menschlichen Behandlung eine eigene Konvention gewidmet. Zivilisten sind hiernach gemäß Art. 4 GA IV „Personen, die sich im Falle eines Konflikts oder seiner Besetzung zu irgendeinem Zeitpunkt und gleichgültig auf welche Weise im Machtbereich einer am Konflikt beteiligten Partei oder einer Besatzungsmacht befinden, deren Angehörige sie nicht sind" bzw. – in einer Negativdefinition – Personen, die nicht von den GA I bis III erfasst sind, also keine Kombattanten oder Nichtkombattanten sind. Das Humanitäre Völkerrecht legt fest, dass es keine unterschiedslose Kriegsführung geben darf und somit zwischen militärischen und zivilen Personen und Objekten als Zielen unterschieden werden muss.

Dies bedeutet nun aber nicht, dass Zivilisten und zivile Objekte nicht Opfer von Kämpfen werden dürften. Befinden sie sich an Orten militärischer Ziele und kann ihre Schädigung dort nicht vermieden werden, so hebt dies nicht die Legitimität des Angriffs auf (vgl. Art. 28 GA IV). Es ist aber die Verantwortung der Befehlshabenden bei der Festlegung der Angriffsziele das Risiko für die Zivilisten im Rahmen der Verhältnismäßigkeit zu berücksichtigen und die Kollateralschäden möglichst gering zu halten.

Für die Zivilisten gibt es im GA IV eine umfangreiche Darstellung ihres Schutzbereichs z. B. auf Sicherheits- und Sanitätszonen, Evakuierungen, Regeln bei Internierung und Besetzung, das Verbot von Kollektivstrafen durch eine bewaffnete Macht und anderes mehr. Diese besonderen Schutzrechte können sie jedoch verlieren, wenn sie sich selbst – jenseits von unmittelbarer Selbstverteidigung – am bewaffneten Konflikt beteiligen. Auch Spionage oder Sabotage durch Zivilisten hebt den Schutzanspruch auf.

3.2.4 Besonders geschützte Personen, Güter und Einrichtungen

Ist zwar die unterschiedslose Kriegsführung verboten und gilt es zwischen militärischen und zivilen Zielen zu unterscheiden, ergeben sich bei der genauen Betrachtung doch deutliche Herausforderungen bei der Klärung, was denn nun ein militärisches Ziel sei. Recht unstrittig ist, dass Kombattanten und ihre Ausrüstung, zugehörige Gebäude wie Kasernen und sonstige Einrichtungen wie Munitionslager dazu gehören. Schwieriger wird es bei der Frage, ob privatwirtschaftliche Produktionsstätten, die neben Zivilgütern auch kriegsbezogenes Material herstellen, allgemeine und auch vom Militär genutzte Versorgungswege oder zwar militärisch relevante, dennoch zivilen Zwecken dienende Infrastruktur legitime Ziele sein dürfen. Hier gilt es die Verhältnismäßigkeit des militärisch begründeten Angriffs mit den Schutz- und Versorgungsansprüchen der Zivilbevölkerung zu prüfen. Eindeutiger ist jedoch geregelt, welche Personen, Güter und Objekte nicht Ziel von Angriffen werden dürfen.

Hier ist in der Geschichte und Logik der Genfer Abkommen zuvörderst das Sanitätswesen zu nennen. Sanitäts- und Lazarettpersonal, Lazarette, Sanitätszonen und Krankenhäuser, Land-, See- und Luftfahrzeuge zum Transport von Kranken und Verwundeten, Sanitätern und medizinischem Material dürfen nicht angegriffen werden. Um ihren besonderen Schutzanspruch zu verdeutlichen, werden sie von dem sie unterhaltenden Staat mit einem Schutzzeichen versehen.

3.2 Zentrale Elemente des Humanitären Völkerrechts

Am bekanntesten sind hier das Rote Kreuz und der Rote Halbmond, ferner sind das Schutzzeichen des Roten Löwen mit Roter Sonne[3] sowie seit 2005 der Rote Kristall (ein auf der Spitze stehendes Quadrat) – jeweils auf weißem Grund in den GA und dem Zusatzprotokoll III völkerrechtlich vereinbarte Zeichen, die in Abb. 3.1 dargestellt sind. „Unter Aufsicht der zuständigen Militärbehörde wird dieses Wahrzeichen auf Fahnen, Armbinden und dem gesamten im Sanitätsdienst verwendeten Material geführt" (Art. 39 GA I).

Es darf nur von den autorisierten Personen sowie an genehmigten Fahrzeugen und Objekten im engen Rahmen der GA geführt werden. Ein Missbrauch des Schutzzeichens, z. B. für einen Transport von Waffen oder nicht-verwundeten Kombattanten, hebt den Schutz auf. Zudem ist es anderen Akteuren verboten, das Zeichen ohne Genehmigung durch die Militärbehörden oder die anerkannten nationalen Rotkreuz- und Rothalbmondgesellschaften zu nutzen. Sie, also z. B. das

Abb. 3.1 Schutzzeichen der Sanitätsdienste und -einrichtungen der Streitkräfte

---

[3] Dieses Schutzzeichen wurde 1923 eingeführt und von Persien benutzt. Nach der Islamischen Revolution verwendet Iran das Zeichen seit 1980 nicht mehr, sondern nutzt den Roten Halbmond. Gleichwohl ist es weiterhin gültig.

Deutsche Rote Kreuz, dürfen „in Friedenszeiten gemäß den nationalen Rechtsvorschriften den Namen und das Wahrzeichen des Roten Kreuzes für ihre sonstigen den Grundsätzen der internationalen Rotkreuzkonferenzen entsprechende Tätigkeit verwenden" (Art. 44 GA I). Zudem können im Rahmen der nationalen Rechtsvorschriften auch Krankenwagen und Rettungsstellen, „die ausschließlich der unentgeltlichen Pflege von Verwundeten und Kranken vorbehalten sind", mit dem Zeichen versehen werden (ebd.).

Mit dem Zusatzprotokoll I zu den GA wurde 1977 der Umfang der Schutzgüter erweitert und gegenüber der HLKO präzisiert. So ist es verboten

- „feindselige Handlungen gegen geschichtliche Denkmäler, Kunstwerke oder Kultstätten zu begehen, die zum kulturellen oder geistigen Erbe der Völker gehören" (Art. 53 ZP I i.V.m. Haager Kulturgüterschutzabkommen von 1954),
- „für die Zivilbevölkerung lebensnotwendige Objekte wie Nahrungsmittel, zur Erzeugung von Nahrungsmitteln genutzte landwirtschaftliche Gebiete, Ernte- und Viehbestände, Trinkwasserversorgungsanlagen und -vorräte sowie Bewässerungsanlagen anzugreifen, zu entfernen oder unbrauchbar zu machen" (Art. 54 ZP I).

Zudem werden strenge Schutzregeln für „Anlagen und Einrichtungen, die gefährliche Kräfte entfalten" (Art. 56 ZP I) formuliert. Gemeint sind damit Staudämme, Deiche und Kernkraftwerke, sofern sie nicht „regelmäßig, bedeutend und unmittelbar der Unterstützung von Kriegshandlungen dienen", womit sie wieder legitimes militärisches Ziel würden. Ausgeweitet wird der Schutz der natürlichen Umwelt, die vor „ausgedehnten, lang anhaltenden und schweren Schäden" durch Methoden und Mittel der Kriegsführung geschützt werden soll (Art. 55 ZP I).

Weiterhin werden im Zusatzprotokoll auch das Personal und die Einrichtungen des Zivilschutzes geschont und geschützt. Zivilschutz umfasst u. a. Aufgaben im Warndienst, Brandbekämpfung, Dekontaminierung, Bereitstellung von Notunterkünften oder Notinstandsetzung öffentlicher Versorgungseinrichtungen (Art. 61–64 ZP I). Abb. 3.2 zeigt die Kennzeichen besonders geschützter Objekte.

3.2 Zentrale Elemente des Humanitären Völkerrechts

geschützte Kulturgüter   geschützte Anlagen und Einrichtungen, die „gefährliche Kräfte" enthalten   Zivilschutz

Abb. 3.2 Geschützte Objekte

3.2.5 Kriegsgefangenschaft, Internierung und Besetzung

Die Gebote der menschlichen Behandlung der Nicht-(mehr-)Kämpfenden betrifft nicht nur die Verwundeten und Kranken. Sowohl die HLKO als auch die GA – hier insbesondere das Genfer Abkommen über die Behandlung von Kriegsgefangenen (GA III) befassen sich mit den gefangenen Angehörigen der Streitkräfte, also Kombattanten und Nichtkombattanten. Und im GA IV (Art. 79–138) werden Regelungen zu den gefangengenommenen Zivilpersonen aufgestellt, die dann jedoch nicht Kriegsgefangene sind, sondern Internierte genannt werden.

Kriegsgefangennahme und Internierung sind beides keine Maßnahmen des Strafrechts, also keine Haft, sondern sind Instrumente der Gefahrenabwehr. Sie sollen sichern, dass die inhaftierten Kombattanten nicht erneut an Kampfhandlungen teilnehmen, oder verhindern, dass von Zivilpersonen eine Gefahr für die Sicherheit ausgeht.

Die Orte der Kriegsgefangenschaft und der Internierung sind getrennt zu halten. An beide werden aber bestimmte humanitäre Mindestanforderungen gesetzt, die z. B. den Schutz vor Kriegsgefahren und Witterung umfassen sowie Grundanforderungen für Hygiene und sanitäre Einrichtungen gewährleisten. Kriegsgefangene und Internierte haben teilweise die gleichen – und in den GA III und IV auch wortgleich formulierten – Rechte, u. a. auf Bekleidung und Ernährung, Versorgung bei Krankheit und Verwundung, zur Religionsausübung sowie geistigen und körperlichen Betätigung. Sie dürfen unter bestimmten Bedingungen Briefe und Postkarten versenden und empfangen oder auch – unter Kontrolle – Pakete erhalten.

Sie dürfen ihre Familien und eine Zentralstelle (zumeist das IKRK und damit auch den vom RK geführten Suchdienst) über ihre Festsetzung, ihre aktuelle Adresse und ihren Gesundheitszustand informieren. Kriegsgefangene und Internierte haben das Recht, sich an Vertreter der Schutzmächte (siehe 4.2), wie z. B. auch das IKRK, zu wenden, und jene sind berechtigt, Kriegsgefangenenlager (Art. 126 GA III) und Internierungsorte (Art. 143 GA IV) aufzusuchen. Während Kriegsgefangene bis zu einem gewissen Dienstgrad zur Arbeit verpflichtet werden können, ist es Offizieren sowie den internierten Zivilpersonen freigestellt zu arbeiten.

Kriegsgefangenschaft und Internierung sollen mit Wegfall des Grundes der Festsetzung durch Befreiung, Heimschaffung, Rückkehr an den Wohnort oder die Hospitalisierung von Erkrankten und Verwundeten in neutralen Ländern auch beendet werden, wobei die Regelungen in den GA hier stark differieren und vor allem für Kriegsgefangene besondere Voraussetzungen formulieren.

Von der Internierung von Zivilpersonen ist die Besetzung deutlich zu unterscheiden. „Ein Gebiet gilt als besetzt, wenn es sich tatsächlich in der Gewalt des feindlichen Heeres befindet. Die Besetzung erstreckt sich nur auf die Gebiete, wo diese Gewalt hergestellt ist und ausgeübt werden kann" (Art. 42 HLKO). Im besetzten Gebiet wird zumindest zeitweise die Gewalt nicht mehr vom eigenen Land, sondern von der Besetzungsmacht ausgeübt, die beschränkte legislative, exekutive und auch judikative Kompetenzen innehat. Gelten grundsätzlich weiterhin die bestehenden zivil-, verwaltungs- und strafrechtlichen Gesetze, so kann die Besetzungsmacht in engem Rahmen auch eigene Regelungen ein- und umsetzen.

Die Zivilbevölkerung im besetzten Gebiet hat Anspruch auf Nahrung und Arzneimittel, wenn die eigene Versorgungslage konfliktbedingt eingeschränkt ist. Und selbstverständlich gelten die grundlegenden Schutzvorschriften für die Zivilpersonen. Sie dürfen zudem nicht zwangsumgesiedelt bzw. vertrieben werden und andererseits ist eine Ansiedlung neuer Bevölkerung verboten. Vor allem für Frauen und Kinder gelten besondere Schutzansprüche in der Besetzung.

Umsetzung des Humanitären Völkerrechts – und dessen Probleme

Das Humanitäre Völkerrecht mit seinen Grundpfeilern im Haager Recht zur Begrenzung der Kriegsmittel und -methoden sowie dem Genfer Recht zum Schutz der Opfer bewaffneter Konflikte in Verbindung mit weiteren internationalen Verträgen, z. B. über die Nicht-Nutzung von Streumunition, atomaren, biologischen und chemischen Kampfstoffen, gäbe doch eigentlich eine gute Voraussetzung, die Unmenschlichkeit der Kriege einzuhegen. Doch zeugen nicht die Bilder von zerstörten Wohnhäusern, von hungernder Zivilbevölkerung, von gefolterten Kriegsgefangenen, von durch Kriegswirren Vertriebenen und Geflüchteten, von Massengräbern nach „ethnischen Säuberungen", dass das HVR missachtet und gebrochen wird? Sind die über 100 Jahre alte HLKO oder die über 75 Jahre alten GA überhaupt noch die passenden Regularien für moderne Kriege des 21. Jahrhunderts? Ist die Reichweite mancher Verträge nicht erheblich begrenzt, wenn sie von Großmächten nicht ratifiziert und somit für sie gegebenfalls nicht zutreffend sind? – Zweifellos wird in den vielen Kriegen und den bewaffneten Konflikten gegen das Humanitäre Völkerrecht verstoßen. Aber dies kann kein Grund sein, dies dann als wirkungslos oder gar obsolet einzustufen. Wie auch im nationalen Strafrecht ist der Verstoß gegen ein Recht kein Grund, das Recht selbst infrage zu stellen. Wer würde angesichts der stattfindenden Kriminalität das Strafrecht zu Mord, Körperverletzung, Einbruch und Raub für überflüssig ansehen?

Wie auch im nationalen Strafrecht muss bei der Umsetzung des HVR hinsichtlich der präventiven Wirkung und der repressiven Durchsetzung differenziert werden. Schon die Festschreibung des HVR in Verträgen und mit deren Ratifizierung im jeweiligen nationalen Recht ist bedeutsam. Hiermit liegt für alle Akteure und alle Betroffenen eine deutliche Orientierung für das Handeln und Unterlassen, für die Bewertung von Maßnahmen und die Klarheit über Ansprüche für Hilfe und Schutz vor.

4.1 Bewusstseinsbildung und Prävention

Die Kodifizierung des Humanitären Völkerrechts soll zum einen generalpräventive Wirkung entfalten. Die aufgestellten Normen und die ihnen zugrunde liegenden Werte sollen von den Adressaten akzeptiert und für sie Entscheidungs- und Handlungsgrundlage werden. Hierfür ist die Kenntnis des Rechts zentral. So haben sich die Vertragsparteien der GA verpflichtet, „in Friedenszeiten wie in Zeiten eines bewaffneten Konflikts die Abkommen und dieses Protokoll in ihren Ländern so weit wie möglich zu verbreiten, insbesondere ihr Studium in die militärischen Ausbildungsprogramme aufzunehmen und die Zivilbevölkerung zu ihrem Studium anzuregen" (Art. 83 ZP I). Für den militärischen Bereich wird die im § 33 Soldatengesetz geforderte Unterrichtung zum HVR von Juristen und Führungskräften der Bundeswehr im Rahmen der Ausbildung und den Fach- bzw. Führungsfortbildungen für alle Soldat:innen und Offizier:innen sowie die zivilen Mitarbeiter:innen geleistet. Ausgangspunkt ist die – auch öffentlich zugängliche – Zentrale Dienstvorschrift „Humanitäres Völkerrecht in bewaffneten Konflikten" (A-2141/1, BMVg 2018). Für den zivilen Bereich hat das Deutsche Rote Kreuz gemäß des § 2 Abs. 2 seiner Satzung sowie auf der Grundlage des DRK-Gesetzes (§ 2 Abs. 1) die Aufgabe der Verbreitungsarbeit, wobei die sich allgemein an die Bevölkerung richtet und im Besonderen „Entscheidungstragende in Gesellschaft und Politik, [.] Juristinnen und Juristen, Ärztinnen und Ärzte, Angehörige der Polizei und [.] Medienschaffende als Multiplikatoren" sowie die haupt- und ehrenamtlichen Mitglieder des DRK adressiert (DRK 2022, S. 2). Im Rahmen der Aus- und Fortbildung der vorgenannten Gruppen, mit Print- und Online-Publikationen, bei Vorträgen und Veranstaltungen werden Fragen des HVR und insbesondere der GA präsentiert und diskutiert.

Vom Wissen zum Handeln ist es ein weiterer Schritt. Im militärischen Bereich sind neben und in den strategischen Überlegungen die HVR-Fragestellungen stetig mitzudenken. Das betrifft die Ausbildung für die Methoden der Führung von bewaffneten Konflikten, die Beschaffung, bei der auf den Kauf und die Vorhaltung von verbotenen Kampfmitteln wie z. B. Giftgas, Streubomben oder besonders verletzende weiche Geschosse verzichtet wird, über die Planung von Sanitätszonen und die Unterhaltung des Sanitätsdienstes und viele andere Bereiche mehr.

Im nicht-militärischen Bereich sind die Organisationen und diverse Akteure des Zivilschutzes gefordert, die sich aus dem HVR ergebenden Anforderungen für den Schutz und die Versorgung der Bevölkerung im Krisenfall zu beachten und zum Beispiel Technik und andere Ausstattung für Warndienste, Notunterkünfte, Lebensmittelbevorratung etc. vorzuhalten und die personelle Qualifikation für diese Dienste sicherzustellen.

Die generalpräventive Wirkung des HVR zeigt vielfach Wirkung, ist aber wenig im Fokus der Öffentlichkeit, die eher die Verstöße registriert und beklagt.

4.2 Die Kontrolle des Handelns

Die Einhaltung bzw. die Nichtbefolgung der humanitär-völkerrechtlichen Vorgaben wird auf sehr unterschiedlichen Ebenen von einer Vielzahl an Akteuren kontrolliert:

Die Beobachtung und Dokumentation von vermeintlichen oder faktischen Verstößen gegen das HVR liegt zum einen in der Hand der davon betroffenen Staaten, die die Schäden erfassen, gemäß den HVR-Normen einordnen und sowohl für justizielle Verfolgung als auch politische Bewertung aufbereiten.

Eine besondere Bedeutung haben auch die Medien, die das Geschehen beobachten und aus Konfliktgebieten berichten. Die Kriegsberichterstattung steht dabei vor immensen Herausforderungen, die u. a. den häufig schwierigen Zugang zu den relevanten Orten, die Sicherheit der Berichterstatter oder die Risiken der Instrumentalisierung durch die Konfliktparteien betreffen. Die journalistische Beobachtung und Kontrolle werden seit einigen Jahren durch die umfassenden Möglichkeiten der Dokumentation auf den Kanälen der Sozialen Medien ergänzt.

Mit einem weitergehenden Selbstverständnis und Auftrag beteiligen sich nationale und internationale NGOs, wie Human Rights Watch und Amnesty International, oder internationale Organisationen, wie z. B. die OSZE – Organisation für Sicherheit und Zusammenarbeit in Europa oder die International Humanitarian Fact-Finding Commission – IHFFC (vgl. https://www.ihffc.org), an der Beobachtung. Zudem unterhält der Internationale Strafgerichtshof (IStGH) das „Office of the Prosecutor" für die Untersuchung von Kriegsverbrechen und Verbrechen gegen die Menschlichkeit. Das OTP kann von Mitgliedsstaaten des IStGH sowie vom UN-Sicherheitsrat angerufen oder auf eigene Initiative tätig werden, unabhängige und unparteiliche Ermittlungen in Konfliktgebieten vorzunehmen (vgl. https://www.icc-cpi.int/about/otp).

Die Genfer Abkommen haben ein weiteres Kontroll-, Beobachtungs- und Vermittlungsinstitut eingeführt: das System der Schutzmächte und der Ersatzschutzmächte. Schutzmacht im Sinne der GA bezeichnet einen neutralen oder anderen nicht am Konflikt beteiligten Staat, der von einer am Konflikt beteiligten Partei benannt, von der gegnerischen Partei anerkannt und bereit ist, die in den anderen Abkommen und diesem Protokoll einer Schutzmacht übertragenen Aufgaben wahrzunehmen (Art. 2c ZP I).

Ersatzschutzmacht ist eine Organisation, wie z. B. das IKRK, die anstelle einer Schutzmacht tätig wird. Die Schutzmächte bzw. die Ersatzschutzmacht stellen die Einhaltung der GA sicher und nehmen die Interessen der am Konflikt beteiligten Parteien wahr.

Hinter diesen Aufgaben verbirgt sich ein breites Spektrum an Tätigkeiten und Kompetenzen. So leisten sie „gute Dienste" (z. B. Art. 11 GK I bis III) im Sinne von Streitschlichtung und Vermittlung, erbringen humanitäre Tätigkeiten zum Schutz von Verwundeten, Kranken und Schiffbrüchigen, unterstützen und leisten humanitären Schutz von Kriegsgefangenen u. a. bezüglich deren Kommunikation, bei der Verteilung von Hilfsgütern oder überwachen Gerichtsverfahren. Für Zivilpersonen umfassen diese guten Dienste die Errichtung von Sicherheits- und Sanitätszonen, die Kontrolle und Unterstützung der Verteilung von Hilfsgütern, die Beobachtung von Zwangsaufenthalten und -verlegungen, insbes. von verwaisten oder von ihren Familien getrennten Kindern. Sie unterstützen Ausländer im Konfliktgebiet bei ihrer Ausreise. Sie haben Untersuchungsrechte in Kriegsgefangenenlagern und Internierungsorten, um die Unterbringungsbedingungen zu überprüfen. Sie haben Überwachungs- und Informationsrechte zu Gerichtsverfahren (vgl. ausführlich mit Belegen zu den Fundstellen in den GA Fink/Gillich 2022, S. 290–292).

Wesentliche Voraussetzungen für die Erfüllung der Schutzmacht-Aufgaben sind einerseits eine personelle und organisatorische Qualifizierung für diese komplexen Tätigkeiten, andererseits die Gewährleistung der Unparteilichkeit. Die Schutzmächte handeln also nicht im Sinne der militärischen Ziele der Konfliktparteien, sondern sind den humanitären Rechten und Schutzansprüchen der verschiedenen Opfer der bewaffneten Konflikte verpflichtet. Hieraus ergibt sich eine Neutralität zum Konflikt selbst, sodass sie nicht öffentliche Kritik an den Kriegsparteien üben, sondern als Vermittler agieren und jenseits der Öffentlichkeit bei ihnen auf die Einhaltung der Regeln des HVR drängen.

Im Laufe der Zeit hat das Internationale Komitee vom Roten Kreuz eine starke Stellung als Ersatzschutzmacht gewonnen. Diese Rolle wird ihm bereits in den GA zugewiesen und es hat nach eigener Satzung (Art. 4 d) die Aufgabe,

> in seiner Eigenschaft als neutrale Institution, besonders im Fall eines Krieges, eines Bürgerkrieges oder innerer Wirren einzugreifen; sich jederzeit für die Militär- und Zivilopfer der genannten Konflikte einzusetzen, um dafür zu sorgen, dass diese

Schutz und Beistand erhalten, und auf humanitärem Gebiete als Vermittler zwischen den Parteien zu dienen.

Dabei hat das IKRK als humanitäre Hilfsorganisation wie auch als HVR-Überwachungsinstanz weitergehende Befugnisse als andere Schutzmächte, z. B. bei der Organisation von Sanitätszonen, Einsichtsrechte in Verzeichnisse, Überwachung von Hilfssendungen (Fink/Gillich 2022, S. 296).

Doch nicht nur im operativen Bereich ist das IKRK aktiv. Eine wesentliche Aufgabe liegt darin, die Ausgestaltung des Humanitären Völkerrechts zu fördern und weiterzuentwickeln. Es hat einen eigenen humanitär-völkerrechtlichen Status und ist ein direkter Ansprechpartner für alle Vertragsstaaten der Genfer Abkommen, insbesondere in der Internationalen Konferenz des Roten Kreuzes und des Roten Halbmonds, der alle Vertragsstaaten und alle Teile der Rotkreuz- und Rothalbmondbewegung angehören. (Zur Organisation und Aufgabe des IKRK vgl. auch Furtak 2015, S. 207 ff.)

Für die Erbringung der humanitären Leistungen arbeitet das IKRK intensiv mit den (Stand 31.12.2024) 191 nationalen Rotkreuz- und Halbmondgesellschaften sowie deren weltweitem Zusammenschluss in der Internationalen Föderation der Rotkreuz- und Halbmondgesellschaften zusammen.

4.3 Politische und justizielle Sanktion von Fehlverhalten

Bei Feststellung von Verstößen gegen das Humanitäre Völkerrecht kann nun z. B. mit einem *Shaming and Blaming,* also dem öffentlichen „Anprangern", reagiert werden, um so einen Ansehensverlust der verantwortlichen Staaten zu erzeugen. Es können innerorganisatorisch Gegenmaßnahmen ergriffen werden. Die Schutzmächte oder das IKRK können aus neutraler Position und diplomatisch die (Wieder-)Einhaltung einfordern. Diese Maßnahmen können Wirkung entfalten und sowohl im Sinne des Haager Rechts, also in Hinblick auf die Beschränkung der Kriegsmittel und -methoden, als auch des Genfer Rechts mit dem Schutz der Opfer zur Wahrung eines Grundmaßes an Menschlichkeit und zu rechtskonformem Handeln führen. Aber bei schweren Verstößen können politische und etwaig auch justizielle Sanktionen verhängt werden.

Als politische Reaktionen auf (nicht nur humanitäre) Völker- und Menschenrechtsverstöße können Staaten oder die Staatengemeinschaft wie die Vereinten Nationen u. a. wirtschaftliche Sanktionen wie z. B. Handelsembargos oder -beschränkungen, Finanzkontrollen oder Investitionsbeschränkungen verhängen oder Unterstützungen wie Entwicklungshilfe oder Waffenlieferungen aussetzen. Gegen politisch oder militärisch Verantwortliche können Reisebeschränkungen beschlossen werden und es ist möglich, Gelder im Ausland „einzufrieren". Mit diesen Maßnahmen sollen Druck auf die Akteure ausgeübt und die Handlungsmöglichkeiten des Sanktionierten reduziert werden.

Ausgeweitet wurde das Spektrum der justiziellen Verfolgung von Verstößen gegen das HVR: Auf der untersten Ebene sind die Staaten selbst dafür verantwortlich, Verstöße gegen die GA zu ermitteln und zu sanktionieren. Auf der Individualebene wird innerhalb des Militärs entlang der Befehlskette kontrolliert, sodass das Handeln der Kombattanten von ihren jeweiligen Führungskräften gesteuert und überprüft wird. Die Staaten sind gemäß Art. 49 GA I (und zugehörigen Passagen in den anderen GA) verpflichtet, schwere Verletzungen der Schutzregeln nach eigenen Gesetzen zu verfolgen. Individuelle Verstöße gegen die völkerrechtlichen Normen, z. B. vorsätzliche Tötung, Folterung oder schwere Beeinträchtigung der körperlichen Gesundheit, können auf dieser Grundlage geahndet werden. Je nach Art des Fehlverhaltens können disziplinarrechtliche Sanktionen, Verfahren vor dem Truppendienst- bzw. Militärgericht oder auch der allgemeinen Strafgerichtsbarkeit erfolgen.

Bekannter dürften hingegen internationale Kriegsverbrecherprozesse sein. Sie wurden z. B. nach dem Zweiten Weltkrieg vor Internationalen Militärgerichtshöfen in Nürnberg und Tokio durchgeführt, bei denen – erstmals – Einzelpersonen wie ranghohe Militärs und Politiker, die für Völkerrechtsverstöße, also Verbrechen gegen den Frieden, Kriegsverbrechen und Verbrechen gegen die Menschlichkeit verantwortlich waren, zur Rechenschaft gezogen wurden. Mit Straftribunalen wurden die Kriegsverbrechen in Jugoslawien und Ruanda zumindest teilweise aufgearbeitet und führten zu Verurteilungen.

Eine vergleichsweise junge Einrichtung wurde 1998 mit dem Römischen Statut geschaffen, als der Internationale Strafgerichtshof mit Sitz in Den Haag gegründet wurde. Inzwischen haben 123 Staaten das Statut ratifiziert und damit den IStGH anerkannt.[1] Das Gericht kann die individuell zurechenbare Täterschaft und Teilnahme, aber auch militärische oder zivile Vorgesetztenverantwortlichkeit (Art. 25 IStGH-Statut) in den Bereichen Völkermord, Verbrechen gegen die Menschlichkeit, Kriegsverbrechen (detaillierte Benennung und Differenzierung in den Art. 6 bis 8 IStGH-Statut) oder Verbrechen der Aggression bestrafen.

---

[1] Keine Vertragsparteien sind u. a. China, Russland, Indien, Syrien, Israel und die USA, was die Reichweite des IStGH einschränkt.

4.3 Politische und justizielle Sanktion von Fehlverhalten

Ein ähnlicher Katalog gilt auch für das 2002 in Deutschland eingeführte Völkerstrafgesetzbuch. Hiernach können die deutschen Ermittlungsbehörden der Generalbundesanwaltschaft Verstöße gegen dieses Recht unabhängig von der Nationalität der Tatverdächtigen und unabhängig vom Ort der Taten oder einem Bezug zu Deutschland entsprechend des Weltrechtsprinzips strafrechtlich verfolgen (vgl. Tiemann 2019). Von deutschen Gerichten wurden seitdem Täter:innen u. a. aus Syrien, Libyen, Irak, Kongo, Ostukraine und Afghanistan verurteilt.

Sowohl die nationalen Gerichte als auch der Internationale Strafgerichtshof verfolgen die individuell zurechenbaren Verstöße gegen das Humanitäre Völkerrecht, angefangen von Übergriffen von Soldat:innen bis hin zu der verantwortlichen obersten Militärführung und Staats- und Regierungschefs. Zudem bestehen mit dem Sicherheitsrat der Vereinten Nationen (auch Weltsicherheitsrat genannt; Sitz in New York) sowie dem Internationalen Gerichtshof (Sitz in Den Haag) zwei Organe der Vereinten Nationen, die sich politisch und juristisch mit Fragen der internationalen Sicherheit auf der Basis des Völkerrechts befassen und dabei dann das Handeln von Staaten – und nicht Individuen – betrachten.

- Der UN-Sicherheitsrat befasst sich auf Anrufung durch UN-Mitgliedsstaaten mit Fragen zur Bedrohung des Weltfriedens – und somit mittelbar mit Aspekten des HVR. Werden solche Bedrohungen festgestellt, kann die Staatengemeinschaft z. B. Wirtschaftssanktionen verhängen oder den See-, Luft-, Land-, Post- und Fernmeldeverkehr der völkerrechtswidrig handelnden Staaten beschränken. Erweisen sich diese Sanktionen als nicht hinreichend, kann die UN ein Mandat zum militärischen Eingriff der Staatengemeinschaft erteilen. Und nach dem Ende des militärischen Konflikts können die UN mit Friedenstruppen an der Friedenssicherung mitwirken. Die benötigten Soldat:innen für die sog. Blauhelm-Missionen werden von UN-Mitgliedsstaaten gestellt. (Vgl. Kap. VII der Charta der Vereinten Nationen).
- Der Internationale Gerichtshof ist das oberste Rechtsprechungsorgan der Vereinten Nationen und befasst sich mit vielfältigen Fragen des Völkerrechts, also nicht nur Krieg und Frieden oder HVR. Die Urteile sowie Gutachten sind wesentliche Beiträge zur Entwicklung des Völkerrechts. Seine Beschlüsse sind grundsätzlich rechtlich bindend für die beteiligten Parteien, sofern diese die Zuständigkeit des Gerichts anerkannt haben. Allerdings haben nur 74 Staaten eine umfassende Unterwerfungserklärung abgegeben und andere Staaten beschließen je nach Konflikt über die Anerkennung der IGH-Zuständigkeit.

4.4 Begrenzte Reichweiten

Das Normensystem der Genfer Abkommen als tragendes Element des Humanitären Völkerrechts ist etabliert und wird von allen Staaten sowohl nach eigener Ratifizierung als auch durch die Wirkung des Völkergewohnheitsrechts rechtlich anerkannt. Und dennoch sind weiterhin Verstöße gegen diese Abkommen und das Haager Recht festzustellen. Hierfür gibt es verschiedene Gründe, von denen hier nur einige hervorgehoben werden können:

- Sind zwar die Genfer Abkommen von 1949 universell gültig, so sind schon die Zusatzprotokolle von 1977 nicht so umfassend ratifiziert worden. ZP I wurde bislang von 174, ZP II von 168 Staaten angenommen – aber z. B. nicht von den USA. Weitere Verträge zur Begrenzung des Einsatzes und der Weiterverbreitung von Waffenarten oder Methoden der Kriegsführung zeigen noch deutlich geringere Anerkennung. Gelten manche Inhalte als Gewohnheitsrecht, so sind andere nur für diejenigen Staaten gültig, die sie ratifiziert haben, also die sog. Signatarstaaten. Die anderen können, müssen aber nicht vertragsgemäß handeln.
- Das Humanitäre Völkerrecht ist ein sehr komplexes und kompliziertes Rechtssystem, das der kontroversen juristischen und rechtswissenschaftlichen Interpretation unterliegt. Dies betrifft dann auch die Lesart von Begriffen oder die Deutung und Nutzung von Regelungslücken. Strittig wird es z. B. dann, wenn „terroristischen Gruppen" der Kombattantenstatus abgesprochen wird und somit die Schutzansprüche für Kriegsgefangene verneint werden. Ebenso schwierig wird es bei der Definition von legitimen militärischen Zielen, wenn diese auch Zivilpersonen oder zivile Wohnungen und Einrichtungen betreffen. Hier werden die militärischen Vorteile eines Angriffs mitunter höher gewichtet als der Schutz der Zivilbevölkerung.
- Die Kriegs- und Waffentechnologie ist insbesondere durch die Informations- und Kommunikationstechnologien, durch den Einsatz von Satelliten und jüngst durch die Künstliche Intelligenz und autonome Waffensysteme hoch dynamisch weiterentwickelt worden. Hieraus entstehen neue Regelungsbedarfe auch im Humanitären Völkerrecht. Doch besteht in der Staatengemeinschaft aktuell kein Grundkonsens für die Verabschiedung neuer Konventionen, sondern sind eher verschiedene Ansätze zur Aufweichung des HVR feststellbar. Darum entsteht ein Bedarf für die erweiterte Auslegung, also Interpretation des bestehenden Rechts, um es wieder zu festigen. Zudem gewinnt die Durchsetzung des bestehenden Rechts größere Bedeutung, was insbesondere durch die Stärkung der justiziellen Verfolgung von Völkerrechtsverstößen erfolgen kann (vgl. Kaleck und Schüller 2024, S. 25).

4.4 Begrenzte Reichweiten

- Doch gerade im Bereich der justiziellen Verfolgung sind Defizite zu konstatieren. So können z. B. deutsche Gerichte zwar grundsätzlich Verfahren gemäß des Völkerstrafrechts durchführen, dies jedoch nur bei Anwesenheit der Tatverdächtigen, die aber vielfach nicht erreichbar sind und von ihren Staaten nicht ausgeliefert werden. Verfahren vor dem IStGH haben ähnliche Probleme. Internationale Heftbefehle, vor allem gegen hochrangige Militärs oder Regierungsangehörige, können vielfach nicht durchgesetzt werden. Oder IStGH-Verfahren können durch Prozesse gemäß des Subsidiaritätsprinzips vor eigenen Gerichten in den Herkunftsstaaten ersetzt werden, die jedoch vielleicht weniger intensiv ermitteln und weniger hart strafen.
- Und nicht zuletzt werden aus politischen und geostrategischen Gründen manche Regelungen des HVR von mächtigen Staaten schlichtweg ignoriert oder auch bewusst dagegen verstoßen. Die Zerstörung von Wohngebieten und Angriffe auf Krankenwagen und Krankenhäuser, Schulen, zivile Infrastruktur oder Religionsstätten dienen dann dazu, Angst und Unsicherheit zu erzeugen sowie die Abwehrmoral der Bevölkerung zu schwächen.

Angesichts dieser Problemlagen ist es dringend erforderlich, einerseits die Möglichkeiten für die effektive juristische Verfolgung zu stärken. Andererseits bedarf es weiterhin einer breiten transnationalen und internationalen Debatte über Inhalt, Sicherung und Weiterentwicklung des Humanitären Völkerrechts. Ein wichtiges Forum hierfür sind die vierjährlich stattfindenden „Internationalen Konferenzen des Roten Kreuzes und des Roten Halbmonds", an denen alle 196 Signatarstaaten der Genfer Abkommen, alle 191 nationalen Rotkreuz- und Rothalbmondgesellschaften sowie – als Hüter der Abkommen – das IKRK teilnehmen. In der 34. Konferenz im Jahr 2024 wurden u. a. humanitär-völkerrechtliche Fragen zu Nuklearwaffen, zur Klärung von Rechtsfragen zu Grauzonen und hybrider Kriegsführung, zur Anwendung des HVR angesichts neuer Kriegstechnologien und zum Schutz neutraler humanitärer Hilfe in sich entwickelnden Konflikten beraten und Beschlüsse gefasst. Umrahmt wurden die Beratungen durch die Arbeit der Kommission zur Förderung und Bildung einer globalen Kultur des Respekts für das humanitäre Völkerrecht (vgl. https://rcrcconference.org). Dies ist ein wichtiger Baustein zur Stärkung des Schutzes von Opfern bewaffneter Konflikte und für die Gewährleistung eines internationalen Hilfesystems in humanitären Krisen.

Fazit 5

Mit der Ächtung des Angriffskrieges in der UN-Charta, dem Haager Recht und weiteren Verträgen zur Beschränkung von Kriegsmitteln und -methoden sowie den Genfer Abkommen zum Schutz der militärischen und zivilen Opfer liegt eigentlich ein umfassendes Regelwerk zur Minderung der Inhumanität in bewaffneten Konflikten vor. Zudem besteht grundsätzlich ein gestuftes System von präventiven Ansätzen bis hin zum Völkerstrafrecht und internationalen Gerichten, das die Anwendung dieses Normengefüges sichern soll.

Die wissenschaftliche Erfassung der Kriege und Konflikte, z. B. durch die Hamburger Arbeitsgemeinschaft Kriegsursachenforschung oder in den Friedensgutachten, zeigt jedoch ebenso wie die weltweite Berichterstattung und Dokumentation z. B. durch soziale Medien, dass weiterhin vielfach gekämpft, verletzt, getötet, gefoltert und zerstört wird – auch unter Missachtung der Regeln des Humanitären Völkerrechts und der Menschenrechte. – Nicht unmittelbar sichtbar wird jedoch, wie viele Konflikte vermieden wurden, auf welchen Waffeneinsatz verzichtet wurde oder wie durch die Anwendung der Genfer Abkommen das Leid von verwundeten Kämpfenden, Zivilbevölkerung, Gefangenen oder Internierten gemindert wurde. Es besteht in Wissenschaft und Politik, bei vielen Militärs und Hilfsorganisationen Einigkeit, dass es ohne dieses Normenwerk sehr viel schlimmer auf der Welt aussähe.

Mirjana Spoljaric, Präsidentin des Internationalen Komitees vom Roten Kreuz (IKRK), erklärte zur 34. Konferenz der Rotkreuz- und Rothalbmondgesellschaften:

> „Das unerträgliche Leid, das durch die heutigen Konflikte verursacht wird, verlangt unverzügliches Handeln. Zu viele Gemeinschaften werden in den heutigen Kriegsgebieten zerstört, zu viele Familien auseinandergerissen. Die internationale Gemeinschaft muss dringend ihre Verpflichtung zum humanitären Völkerrecht bekräftigen

und den Schutz der Zivilbevölkerung zur Priorität machen. Die Stärkung dieses Konsenses ist wesentlich für unsere gemeinsame Menschlichkeit."[1]

Die Genfer Abkommen geben hierzu die erforderliche rechtliche Grundlage und die Selbstverpflichtung der Staatengemeinschaft. Die humanitären Hilfsorganisationen leisten einen gewichtigen Beitrag für Vorsorge, Resilienz und Handlungsfähigkeit, um in der unmenschlichsten Handlung der Menschen – im Krieg und bewaffneten Konflikt – ein Mindestmaß an Menschlichkeit zu sichern.

---

[1] https://www.icrc.org/de/stellungnahme/erklaerung-von-ikrk-und-ifrc.

Was Sie aus diesem *essential* mitnehmen können

- Einen wesentlichen Impuls für die Gestaltung des Humanitären Völkerrechts gab Henry Dunant in seinem 1862 veröffentlichten Bericht über eine entscheidende Schlacht im Sardinischen Krieg: „Eine Erinnerung an Solferino". Er forderte ein internationales Vertragsrecht zum Schutz der verwundeten Krieger und den Aufbau einer humanitären Hilfsorganisation. Diese Forderungen mündeten in die heute universell gültigen Genfer Abkommen sowie die Gründung der weltumspannenden Rotkreuz- und Rothalbmond-Bewegung.
- Das Humanitäre Völkerrecht erfasst grundlegende Regeln für die Sicherung von Menschlichkeit in bewaffneten Konflikten. Es begrenzt einerseits die Methoden und Mittel der Kriegsführung und beschreibt die Schutz- und Versorgungsansprüche für verletzte und erkrankte Kombattanten, für Kriegsgefangene und Internierte sowie für die nicht in die Kämpfe involvierte Zivilbevölkerung.
- Das Humanitäre Völkerrecht erfährt zwar hohe Anerkennung und entfaltet vielfältige präventive Wirkung, doch wird es weiterhin auch häufig verletzt. Die eingeführten Kontroll- und auch Sanktionsmöglichkeiten werden nicht umfassend genutzt, sodass ein Durchsetzungsdefizit besteht. Dies betrifft insbesondere den Bereich des Schutzes der Zivilbevölkerung.
- Die Veränderung von Kriegsführung und der Waffentechnologie stellt neue Anforderungen an die Ausgestaltung und Interpretation des Humanitären Völkerrechts. Die sich Anfang des 21. Jahrhunderts deutlich verändernde weltpolitische Konfliktlage macht es schwierig, neue Abkommen zu schließen und die Genfer Abkommen zu modernisieren. Umso wichtiger sind eine öffentliche Debatte über die Bedeutung der Humanität in bewaffneten Konflikten sowie die Stärkung der justiziellen Durchsetzung im Rahmen des Völkerstrafrechts.

Quellenverzeichnis

Literatur

AKUF – Hamburger Arbeitsgemeinschaft Kriegsursachenforschung (Hrsg.) (2024). Kriegsgeschehen 2023. URL: https://www.wiso.uni-hamburg.de/fachbereich-sowi/professuren/jakobeit/forschung/akuf/kriegsgeschehen2023.html.

BICC – Bonn International Centre for Conflict Studies (Hrsg.) (2011). Kriegsdefinitionen und Kriegstypologien. https://sicherheitspolitik.bpb.de/de/m1/articles/definitions-of-war-and-conflict-typologies.

BICC – Bonn International Centre for Conflict Studies, IFSH Institut für Friedensforschung und Sicherheitspolitik an der Universität Hamburg, INEF Institut für Entwicklung und Frieden, & PRIF Leibniz-Institut für Friedens-und Konfliktforschung. (2024). Friedensgutachten 2024: Welt ohne Kompass. Bielefeld: transcript.

BMVg – Bundesministerium der Verteidigung (2018). Humanitäres Völkerrecht in bewaffneten Konflikten. Zentrale Dienstvorschrift A 2141/1. Bonn: BMVg.

Deutsches Rotes Kreuz (Hrsg.) (2007). Statuten der Internationalen Rotkreuz- und Rothalbmondbewegung. Berlin: DRK.

Deutsches Rotes Kreuz (Hrsg.) (2022). Positionspapier Verbreitungsarbeit. Die Vermittlung von Kenntnissen über das humanitäre Völkerrecht und die Grundsätze und Ideale der Internationalen Rotkreuz- und Rothalbmond- Bewegung als Aufgabe des Deutschen Roten Kreuzes (DRK). Berlin: DRK.

Dunant, H. (^{1}1862; 2006). Eine Erinnerung an Solferino. Bern: Schweizerisches Rotes Kreuz.

Fink, U. und Gillich, I. (2022). Humanitäres Völkerrecht. Baden-Baden: Nomos.

Furtak, F. T. (2015): Internationale Organisationen. Wiesbaden: Springer VS.

Hellerich, G. (2023). Von einer Logik des Krieges zu einer Logik des Friedens. Frank & Timme, Berlin. https://doi.org/10.57088/978-3-7329-8956-07.

Hobbes, Th. (^{1}1651; 1986). Leviathan. Stuttgart: Reclam.

IEP – Institute for Economics and Peace (Hrsg.) (2024) Global Peace Index 2024: Measuring Peace in a Complex Word. Sydney: IEP.

Kaleck, W. und Schüller, A. (2024). Das Humanitäre Völkerrecht zwischen Anspruch und Wirklichkeit. *APuZ*, Heft 30-32, S. 20–25.

Kant, I. (^{1}1795; 2022). Zum ewigen Frieden. Stuttgart: Reclam.

Montani, M. (1995): Wie das Völkerrecht den modernen Krieg humanisieren will und seine Inhumanität legalisiert. *Humanitäres Völkerrecht – Informationsschriften*, Heft 4/1995, S. 216 f.

Sassòli, M. (1995): Kriegsvölkerrecht: eine Heuchelei, die Inhumanität legalisiert, oder ein Minimum von Menschlichkeit für eine unmenschliche Situation? Humanitäres Völkerrecht – Informationsschriften, Heft 4/1995, S. 218 ff.

Schäfer, R. (2024). Ein grausames Recht? APuZ, Heft 30-32, S. 13–18.

SRK – Schweizerisches Rotes Kreuz (Hrsg.). Henry Dunant. Eine Erinnerung an Solferino. Bern: Schweizerisches Rotes Kreuz.

Tiemann, F. (2019). Die Rechtsprechung des Bundesgerichtshofs zum Völkerstrafgesetzbuch. URL: https://zis-online.com/dat/artikel/2019_12_1331.pdf.

WissD BT – Wissenschaftlicher Dienst des Deutschen Bundestags (2007): Die völkerrechtliche Definition von Krieg. Sachstand (WD 2 – 3000 – 175/07. Berlin: Deutscher Bundestag,

Rechtsquellen

Die Genfer Abkommen und ihre Zusatzprotokolle. Vertragstexte, hrsgg. vom Deutschen Roten Kreuz (2019): Berlin: DRK.

Haager Landkriegsordnung von 1907 – Internationale Übereinkunft betreffend die Gesetze und Gebräuche des Landkriegs https://www.fedlex.admin.ch/eli/cc/23/261_225_251/de (Lesedatum 13.12.2024).

Petersberger Erklärung von 1868 – Erklärung betreffend Nichtanwendung der Sprenggeschosse im Kriege, https://www.fedlex.admin.ch/eli/cc/IX/597_543_597/de (Lesedatum 13.12.2024).

Statut des Internationalen Strafgerichtshofs, https://www.auswaertiges-amt.de/resource/blob/203446/c09be147948d4140dd53a917c2544fa6/roemischesstatut-data.pdf (Lesedatum 13.12.2024).

Völkerstrafgesetzbuch, URL: https://www.gesetze-im-internet.de/vstgb/ (Lesedatum 13.12.2024).

Links zur Vertiefung

IKRK – Internationales Komitee vom Roten Kreuz: www.icrc.org.

IKRK und Genfer Abkommen/Humanitäres Völkerrecht: https://www.icrc.org/de/genfer-abkommen-und-das-recht.

IKRK – Datenbank mit Verträgen des HVR: https://ihl-databases.icrc.org/en/ihl-treaties/treaties-and-states-parties.

Bundesministerium der Verteidigung zum Humanitären Völkerrecht: https://www.bmvg.de/de/themen/friedenssicherung/humanitaeres-voelkerrecht.

Bundesministerium der Verteidigung – Zentrale Dienstvorschrift Humanitäres Völkerrecht in bewaffneten Konflikten: https://www.bmvg.de/resource/blob/93612/7d6909421eacad4ddc7dcdfdf58d42ca/b-02-02-10-download-handbuch-humanitaeres-voelkerrecht-in-bewaffneten-konflikten-data.pdf.

Literaturempfehlung zum Weiterlesen

Fink, U. & Gillich, I. (2022): Humanitäres Völkerrecht. Baden-Baden: Nomos. Das juristische Lehrbuch stellt gut strukturiert und auch für Nicht-Juristen klar verständlich die vielen Dimensionen des Humanitären Völkerrechts dar. Es verdeutlicht die Rechtsgrundlagen und die wissenschaftlichen Diskussionen.

Aus Politik und Zeitgeschichte (30–32/2024): Genfer Konventionen. Erschienen zum 75jährigen Jubiläum der Genfer Konventionen werden in sechs Beiträgen die Bedeutung wie auch die Grenzen der Abkommen diskutiert, Aspekte ihrer Umsetzung vorgestellt und die Anforderung der Verbreitungsarbeit zur Vermittlung der Kenntnisse formuliert.

Jäger, S., & Oeter, S. (Hrsg.). (2019). Menschenrechte und humanitäres Völkerrecht. Eine Verhältnisbestimmung. Springer VS. Der Sammelband diskutiert HVR und Menschenrechte aus der Perspektive der Friedensethik und -politik. Die Bezüge, aber auch die Abgrenzungen werden verdeutlicht und die Zielsetzung des Schutzes der Menschen aus beiden Rechtsgebieten betont.

MIX
Papier aus verantwortungsvollen Quellen
Paper from responsible sources
FSC® C105338

If you have any concerns about our products,
you can contact us on
ProductSafety@springernature.com

In case Publisher is established outside the EU,
the EU authorized representative is:
**Springer Nature Customer Service Center GmbH
Europaplatz 3, 69115 Heidelberg, Germany**

Printed by Libri Plureos GmbH
in Hamburg, Germany